Das Erbe rechtlich und steuerlich optimal gestalten

Dr. Otto N. Bretzinger

Akademische Arbeitsgemeinschaft | Mannheim

Postfach 10 01 61 · 68001 Mannheim
Telefon 0621/8626262
Telefax 0621/8626263
www.akademische.de

5. aktualisierte Auflage

Stand: März 2021

Zum Zwecke der besseren Lesbarkeit verwenden wir allgemein die grammatisch männliche Form. Selbstverständlich meinen wir aber bei Personenbezeichnungen immer alle Menschen unabhängig von ihrer jeweiligen geschlechtlichen Identität.

Redaktion: Dr. Torsten Hahn, Benedikt Naglik

Geschäftsführer: Christoph Schmidt, Stefan Wahle

Layout und Umschlaggestaltung: futurweiss kommunikationen, Wiesbaden

Bildquelle: © Syda Productions – Fotolia.com

Printed in Poland

ISBN 978-3-96533-133-4

Lieber Leserin, lieber Leser,

die Deutschen sind reich wie nie zuvor. Die rund 37 Millionen Haushalte zwischen Flensburg und Garmisch verfügen über ein Nettovermögen von über 6,5 Billionen Euro. Und das bedeutet: Die Deutschen erben wie nie zuvor. Schätzungen zufolge werden jährlich über 250 Milliarden Euro an die nächste Generation weitergegeben. Und betroffen sind nicht nur Personen mit großem Vermögen. Jeder, der Vermögen hat, ist im Grunde mit den gleichen Fragestellungen und Problemen konfrontiert.

»Nach mir die Sintflut« – das ist eine weitverbreitete Ansicht, wenn es darum geht, was aus dem mühsam Angesparten werden soll. Fast drei Viertel der Deutschen haben kein Testament errichtet oder einen Erbvertrag abgeschlossen. In diesen Fällen tritt gesetzliche Erbfolge ein. Es bleibt zu hoffen, dass diese den Wünschen des Erblassers entspricht. Wenn Sie rechtliche und steuerliche Fehlplanungen vermeiden wollen, sollten Sie sich rechtzeitig mit Ihrer Nachlassplanung, sprich mit dem Zeitpunkt, den Möglichkeiten, den steuerlichen Rahmenbedingungen und Ihren persönlichen Lebensumständen befassen. Die Entscheidung, wem Sie was vererben oder verschenken, kann Ihnen niemand abnehmen. Richtig vererben oder verschenken ist aber nicht schwer, wenn Sie dabei einige grundlegende Regeln beachten. Jeder Fall liegt anders. Grundlage für die richtige Entscheidung sind immer Ihre jeweiligen individuellen Lebensumstände und Ihre persönlichen Wünsche. Gleichwohl können für typische Vermögens- und Familienverhältnisse gängige Lösungen aufgezeigt, bewertet und Gestaltungsmodelle vorgestellt werden. Dieser Ratgeber beschränkt sich inhaltlich auf die Zeit vor dem Erbfall. In diesem Stadium gilt es, die wesentlichen Weichen für eine sinnvolle Vermögensübertragung an die nächsten Familienangehörigen zu stellen.

Und gerade in diesem Zusammenhang werden in der Praxis die meisten Fehler gemacht, die nach Eintritt des Erbfalls oft nicht mehr korrigiert werden können. Viele konkrete Tipps und Musterformulierungen sollen Ihnen bei Ihrer Nachlassplanung helfen. Es werden Fallstricke und Risiken aufgezeigt, die Sie und Ihre Erben vor rechtlichen und finanziellen Nachteilen schützen sollen. Anhand konkreter Beispiele wird die jeweilige Problematik so verdeutlicht werden, dass Sie Ihre individuelle Situation erkennen und auf der Grundlage der aufgezeigten Lösungswege die richtige Nachlassplanung vornehmen können.

Dr. iur. Otto N. Bretzinger

Inhalt

1 Wie Sie Fehlplanungen bei der Vermögensübertragung vermeiden

Wenn Sie Vermögen übertragen wollen, sei es, dass Sie es zu Lebzeiten verschenken oder nach Ihrem Tod vererben wollen, sollten Sie sich einen Überblick über Ihre Vermögenssituation verschaffen und sich danach mit den rechtlichen Rahmenbedingungen der Vermögensübertragung befassen. An erster Stelle Ihrer Überlegungen sollten aber immer Ihre persönlichen Lebensumstände und Ihre Interessen und Wünsche stehen. Für die Vermögensübertragung stellt Ihnen das Gesetz verschiedene Formen zur Verfügung.

1.1 Maßgebend ist Ihre individuelle Lebenssituation

Zunächst sollten Sie sich Ihrer individuellen Lebenssituation bewusst werden. Sie ist die Grundlage für richtige Entscheidungen, wenn Sie Vermögenswerte übertragen wollen. Neben Ihrer aktuellen Vermögenssituation, die Sie möglichst schriftlich und – wenn Sie verheiratet sind – getrennt nach Ehegatten festhalten sollten (vgl. unten), sind Ihre familiären Verhältnisse von besonderer Bedeutung. Die nachfolgende (unvollständige) Auflistung will Ihnen einige alltägliche Lebenssituationen bewusst machen.

- Berücksichtigen Sie Ihren Familienstand. Dieser hat u.a. für die gesetzliche Erbfolge und für das Erbrecht des überlebenden Ehegatten Bedeutung. Insofern müssen Sie bei Ihrer Nachlassplanung berücksichtigen, ob Sie ledig, verheiratet oder geschieden sind oder in einer nichtehelichen Lebensgemeinschaft leben.
- Wenn eine Ehekrise oder sogar der Wunsch nach Scheidung besteht, sollten Sie davon Abstand nehmen, Vermögenswerte im Wege der vorweggenommenen Erbfolge zu übertragen.

- Wenn Sie Kinder haben, steht diesen ein gesetzliches Erbrecht zu. Und auch Ihre nichtehelichen Kinder gehören zu Ihren gesetzlichen Erben. Wenn sich Ihre ehelichen und nichtehelichen Kinder nicht verstehen, macht es wenig Sinn, dass Ihr Nachlass im Wege der gesetzlichen Erbfolge an eine Erbengemeinschaft geht. Wenn Sie ein Kind adoptiert haben, müssen Sie beachten, dass auch diesem Kind das gesetzliche Erbrecht zusteht.
- Auch wenn Ihre ehelichen Kinder nicht miteinander klarkommen oder sie untereinander Probleme haben, stellt sich die Frage, ob gesetzliche Erbfolge verbunden mit einer Erbengemeinschaft sinnvoll ist. Als Alternative kommen Zuwendungen im Wege der vorweggenommenen Erbfolge gegen einen Erb- und Pflichtteilsverzicht in Betracht.
- Sie müssen auch entscheiden, ob Sie einzelne Familienangehörige bevorzugen oder benachteiligen wollen. Versteht sich Ihr Ehegatte nicht mit den Kindern, ist die gesetzliche Erbfolge mit der Folge einer Erbengemeinschaft nicht sinnvoll.
- Wenn Sie Kinder mit besonderen Problemen haben (z.B. ein pflegebedürftiges oder behindertes Kind) und Sie die wirtschaftliche Versorgung des Kindes nach Ihrem Tod über die Leistungen der Pflegeversicherungen oder anderer Sozialleistungen hinaus gewährleisten wollen, müssen Sie unbedingt ein Testament errichten.
- Wenn Sie in erster Linie Ihren Ehegatten wirtschaftlich versorgt wissen wollen, müssen Sie eine von der gesetzlichen Erbfolge abweichende Verfügung von Todes wegen errichten. Im Wege der gesetzlichen Erbfolge würde Ihr Ehegatte nur neben Ihren Kindern erben. Allerdings kann die wirtschaftliche Versorgung Ihres Ehegatten auch durch eine Lebensversicherung oder durch Zuwendungen im Wege der vorweggenommenen Erbfolge gewährleistet werden.

- Wenn Sie von Ihrem Ehegatten getrennt leben und Sie vermeiden wollen, dass dieser Erbe wird, müssen Sie ihn durch eine Verfügung von Todes wegen enterben. Das gesetzliche Erbrecht des Ehegatten ist erst dann ausgeschlossen, wenn zur Zeit des Erbfalls die Voraussetzungen für die Scheidung gegeben waren und der Erblasser die Scheidung beantragt oder ihr zugestimmt hatte.
- Wenig Sinn macht es, Vermögen auf verschuldete Personen (z.B. ein Kind) zu übertragen, wenn dann deren Gläubiger sofort auf dieses Vermögen zugreifen können. In Betracht kommt in diesem Fall das Instrument der Vor- und Nacherbfolge.
- Wenn Sie unverheiratet und kinderlos sind, erben kraft Gesetzes in erster Linie Ihre Eltern. Wollen Sie von dieser gesetzlichen Erbfolge abweichen, müssen Sie eine Verfügung von Todes wegen errichten.

1.2 Berücksichtigen Sie Ihre persönlichen Interessen und Wünsche

Ihre Nachlassplanung sollte in erster Linie Sie zufriedenstellen. Deshalb sollten Sie sich über Ihre persönlichen Interessen und Wünsche bewusst werden. Prüfen Sie, welche Motive Sie mit der Vermögensübertragung verfolgen, wen Sie absichern wollen und vor allen Dingen auch, ob Sie selbst finanziell abgesichert sind.

- Prüfen Sie, wen Sie mit der Vermögensübertragung absichern wollen – sich selbst, Ihren Ehegatten, Ihre Kinder oder andere Familienangehörige. Entsprechendes gilt für die Frage, wem Sie Priorität bei der Versorgung einräumen wollen. Wenn Sie einzelne Familienangehörige bevorzugen, andere benachteiligen oder sogar enterben wollen, oder wenn Sie Ihr Vermögen möglichst innerhalb der Familie gebunden wissen wollen, müssen Sie auf jeden Fall ein Testament errichten oder einen Erbvertrag abschließen.

- Befassen Sie sich eingehend mit der Frage, wann Sie Ihr Vermögen übertragen möchten, noch zu Lebzeiten oder erst im Wege der Erbfolge.
- Wenn Sie sich von Vermögensteilen zu Lebzeiten trennen wollen, sollten Sie sich über Ihre Beweggründe klar werden. Berücksichtigen Sie auch Ihre eigene finanzielle und wirtschaftliche Versorgung. Es muss Ihnen bewusst sein, dass das Auswirkungen u.a. auf etwaige Pflichtteilsansprüche hat. Überlegen Sie, ob Sie die lebzeitige Vermögensübertragung von Gegenleistungen des Zuwendungsempfängers (z.B. Rentenzahlung, Pflegeleistungen) abhängig machen wollen. Prüfen Sie auch, ob Sie sich das Recht vorbehalten wollen, die Zuwendung unter bestimmten Voraussetzungen wieder rückgängig zu machen.
- Wenn Ihr Vermögen erst nach Ihrem Tod auf Ihre Familienangehörigen übergehen soll, müssen Sie prüfen, ob die gesetzliche Erbfolge. Ihren Wünschen entspricht oder ob Sie davon abweichen und ein Testament errichten oder einen Erbvertrag abschließen wollen.

! Letztlich liegt die Entscheidung bei Ihnen, wann, wie und an wen Sie Ihr Vermögen übertragen wollen. Und möglicherweise werden Sie es nicht schaffen, dass Sie alle Beteiligten zufriedenstellen. Gleichwohl kann es sinnvoll sein, Ihre Wünsche und Interessen mit Ihren nächsten Familienangehörigen, insbesondere mit Ihrem Ehegatten und Ihren Kindern zu besprechen. Allen Beteiligten sollten Sie offen Ihre Vorstellungen darlegen. Das Gespräch kann Ihnen dann als Orientierung für die richtige Strategie dienen.

1.3 Verschaffen Sie sich einen Überblick über Ihre Vermögenssituation

Bevor Sie darüber nachdenken, welches Vermögen Sie in welcher Form an wen übertragen, sollten Sie zunächst Ihre Vermögenssituation schriftlich festhalten. Das funktioniert am besten mit einem Vermögensverzeichnis, in dem Sie Ihre aktuellen Vermögenswerte und Verbindlichkeiten aufführen. Lassen Sie sich bei der Aufstellung Zeit und gehen Sie sorgfältig vor. Richtig planen können Sie nur mit einer vollständigen und richtigen Aufstellung.

! Wenn Sie verheiratet sind, sollten Sie jeweils ein Vermögensverzeichnis für jeden Ehepartner anlegen. Führen Sie darin auch jeweils auf, welche Vermögenswerte zu Beginn der Ehe vorhanden waren und welche während der Ehe erworben wurden. Diese Trennung kann später für einen eventuellen Zugewinnausgleich nützlich sein.

Ihr Vermögensverzeichnis muss auch alle derzeitigen und eventuell künftigen Verbindlichkeiten enthalten. Berücksichtigen Sie, ob und in welchem Rahmen Sie diese Schulden in den nächsten Jahren noch abbauen werden und ob Sie unter Umständen Vermögen im Wege der vorweggenommenen Erbfolge (eventuell gegen Übernahme von Verbindlichkeiten (z.B. bei einer Immobilie)) übertragen wollen.

Aufstellung der Vermögenswerte und Schulden

Stand: *(Datum eintragen)*	**Ehemann** (Euro)	**Ehefrau** (Euro)
Vermögen		
Bargeld		
Guthaben auf Girokonten, Termin- und Festgeldkonten, Sparkonten, Sparverträgen, sonstigen Spareinlagen		
Wertpapiere		
Forderungen aus Versicherungsverträgen		
Forderungen aus Bausparverträgen		

Steuererstattungsansprüche		
Zahlungsansprüche aus Schadensfällen oder nicht erfüllten Verträgen		
Forderungen aus Darlehen		
Rechte und Ansprüche aus Erbschaften		
Rückständiges Arbeitseinkommen		
Aktien, Genussrechte und sonstige Beteiligungen an Kapitalgesellschaften (z.B. Aktiengesellschaft, Gesellschaft mit beschränkter Haftung)		
Beteiligungen an Personengesellschaften (z.B. offene Handelsgesellschaft, Kommanditgesellschaft, Gesellschaft bürgerlichen Rechts)		
Beteiligungen als stiller Gesellschafter		
Beteiligungen an Genossenschaften		
Grundvermögen (Grundstücke, Eigentumswohnungen, Erbbaurechte)		
Anteile an geschlossenen und offenen Immobilienfonds		
Kraftfahrzeuge		
Hausrat, sonstiges Mobiliar oder Wertgegenstände		
Rechte oder Ansprüche aus Urheber-, Patent- und Verlagsrechten		
Betriebsvermögen		
Sonstiges Vermögen		
Vermögen insgesamt		
Schulden		
Verbindlichkeiten auf Girokonten		
Langfristige Bankschulden		
Verbindlichkeiten aus Bausparverträgen		
Verbindlichkeiten aus Kaufverträgen		
Mietschulden		
Steuerschulden		
Rückständige Prämien aus Versicherungsverträgen		
Sonstige Verbindlichkeiten gegenüber Dritten		
Schulden insgesamt		

Beachten Sie, dass sich der Wert Ihres Gesamtvermögens und der Wert einzelner Vermögensgegenstände noch ändern können. Autos verlieren an Wert, Aktien und Anleihen können schnell wertlos sein. Halten Sie Ihr Vermögensverzeichnis deswegen aktuell.

Vermerken Sie in Ihrer Vermögensübersicht, ob und wann Sie bereits Ihrem Ehegatten oder Ihren Kindern Vermögen übertragen haben. Sogenannte lebzeitige Zuwendungen können erbrechtlich von Bedeutung sein, so beispielsweise im Rahmen von Pflichtteilsergänzungsansprüchen.

! Wenn Sie schon dabei sind, Ihr Vermögen und Ihre Verbindlichkeiten aufzulisten, ist es sinnvoll, gleichzeitig zu notieren, welche Unterlagen es dazu jeweils gibt und wo Sie diese verwahrt haben.

1.4 Beachten Sie die rechtlichen Rahmenbedingungen

Wenn Sie sich über Ihre Ziele und Wünsche klar geworden sind, sollten Sie auf der Grundlage Ihrer Vermögensaufstellung die rechtlichen Rahmenbedingungen klären. U.a. sollten Sie in diesem Zusammenhang auf folgende Umstände achten:

- **Ehevertrag mit Ihrem Ehegatten:** Der Güterstand, in dem Sie mit Ihrem Ehegatten leben, ist u.a. für die gesetzliche Erbfolge von Bedeutung.
- **Bindung durch frühere Verfügung von Todes wegen:** Wenn Sie bereits ein Einzeltestament errichtet haben, sind Sie nicht daran gehindert, andere Verfügungen zu treffen. Sie können jederzeit das Testament widerrufen oder ändern. Wenn Sie dagegen mit Ihrem Ehegatten ein gemeinschaftliches Testament errichtet haben, können Sie nicht ohne Weiteres andere Verfügungen treffen. Haben Sie Verfügungen in einem Erbvertrag getroffen, dann sind diese grundsätzlich bindend.

- **Längerfristige Verträge:** Wenn Sie längerfristige Verträge über Ihr Vermögen abgeschlossen haben (z.B. Mietverträge, Pachtverträge), sollten Sie prüfen, ob es sinnvoll ist, sich von diesen Vermögenswerten bereits zu Lebzeiten zu trennen.
- **Pflichtteilsansprüche:** Bedenken Sie, dass im Falle einer Enterbung Ihres Ehegatten oder Ihrer Kinder von diesen Pflichtteilsansprüche geltend gemacht werden können. Wenn Sie bereits in der Vergangenheit Vermögenswerte auf Ihre Familienangehörigen übertragen haben, können unter Umständen sogenannte Pflichtteilsergänzungsansprüche bestehen.
- **Gesetzliche Erbfolge:** Prüfen Sie, welche Familienangehörigen im Wege der gesetzlichen Erbfolge erben würden, wenn Sie kein Testament errichten oder keinen Erbvertrag abschließen. Nur wenn Sie diese Erbfolge wünschen, können Sie von einer Verfügung von Todes wegen absehen.
- **Unterhalts- und Versorgungsverpflichtungen:** Wenn Sie noch gesetzliche Unterhalts- oder Versorgungsverpflichtungen haben, sollten Sie sich nicht zu Lebzeiten von Vermögenswerten trennen. Andernfalls besteht die Gefahr, dass Sie in finanzielle Schwierigkeiten geraten können.
- **Erb- und Pflichtteilsverzichtsverträge:** Häufig werden Erb- und/oder Pflichtteilsverzichtsverträge abgeschlossen, wenn auf Kinder im Wege der vorweggenommenen Erbfolge Vermögen übertragen wird. Prüfen Sie, ob solche Vereinbarungen bestehen.
- **Lebensversicherung mit Bezugsberechtigung:** Weil das Kapital einer Lebensversicherung nicht in den Nachlass fällt, sollten Sie prüfen, ob Sie die bezugsberechtigte Person bei Ihrer Nachlassplanung noch berücksichtigen möchten.

1.5 Für Ihre Nachlassplanung stehen Ihnen verschiedene Formen zur Verfügung

Wenn Sie Vermögen auf Ihren Ehegatten, Ihre Kinder oder andere Personen übertragen wollen, stellt Ihnen das Gesetz verschiedene Formen zur Verfügung. Von Bedeutung ist dabei, ob Sie sich bereits zu Lebzeiten von Vermögenswerten trennen wollen oder die Zuwendungen erst nach Eintritt des Erbfalls an die Begünstigten erfolgen sollen.

1.5.1 Erbrechtliche Formen

Wollen Sie, dass Ihr Vermögen erst nach Ihrem Tod übergeht (und das ist der Regelfall), so erfolgt das nach den Regeln des Erbrechts. Neben der Übertragung Ihres Vermögens im Wege der gesetzlichen Erbfolge haben Sie die Möglichkeit, eine Verfügung von Todes wegen zu errichten und Anordnungen zu treffen, die von der gesetzlichen Erbfolge abweichen. Als Verfügungen von Todes wegen stehen Ihnen das Testament und der Erbvertrag zur Verfügung.

Mit einem Testament treffen Sie einseitige Verfügungen von Todes wegen. Es gibt zwei Arten von Testamenten: das Einzeltestament und das gemeinschaftliche Testament von Eheleuten. Dabei können Sie jeweils wählen, ob Sie das Testament selbst (eigenhändig) oder vor einem Notar errichten wollen.

Statt in einem Testament können Sie Ihre Verfügungen von Todes wegen auch in einem Erbvertrag treffen. Während ein Testament als einseitige letztwillige Verfügung jederzeit frei widerrufbar ist (das gilt auch für ein gemeinschaftliches Testament, solange beide Ehegatten noch leben), ist der Erbvertrag ein Vertrag zwischen zwei oder mehreren Personen, in dem zumindest eine Person letztwillige Verfügungen trifft, die – weil ein Vertrag vorliegt – nicht einfach von dem Testierenden einseitig widerrufen oder geändert werden können.

1.5.2 Formen der vorweggenommenen Erbfolge

Bei der vorweggenommenen Erbfolge erfolgen Vermögensübertragungen zu Lebzeiten des Erblassers auf einen oder mehrere zukünftige Erben, die im Vorgriff auf die Erbfolge vorgenommen werden. Es handelt sich also um lebzeitige, nicht um Verfügungen von Todes wegen.

Achtung: Übertragen Sie Teile Ihres Vermögens im Wege der vorweggenommenen Erbfolge, liegen die Risiken bei Ihnen. Schließlich geben Sie Ihr Vermögen endgültig aus der Hand, über das Sie ohne die Übertragung bis zu Ihrem Tod uneingeschränkt verfügen könnten.

Vermögensübertragungen im Wege der vorweggenommenen Erbfolge sind in verschiedenen Formen möglich. Die praktisch bedeutendste sind Schenkungen. Daneben kommen insbesondere noch Ausstattungen und unentgeltliche Zuwendungen an den Ehegatten in Betracht.

Schenkung

Die Schenkung ist eine unentgeltliche Zuwendung des Schenkers an den Beschenkten. Wenn die Zuwendung sofort vollzogen, also dem Beschenkten das Eigentum am geschenkten Gegenstand sofort übertragen wird, spricht man von einer Handschenkung, verpflichtet sich dagegen der Schenker durch Vertrag, dem Beschenkten eine unentgeltliche Zuwendung zu machen, spricht man von der Vertragsschenkung.

Wird bei einer Schenkung vereinbart, dass der Beschenkte bestimmte Gegenleistungen zu erbringen hat, die geringer sind als der Wert der Zuwendung, spricht man von einer gemischten Schenkung.

» A überträgt an B eine Immobilie im Wert von 200.000,– € gegen Zahlung von 150.000,– €.

Eine Schenkung unter Auflage ist eine Schenkung, die verbunden ist mit einer bestimmten Leistungspflicht für den Beschenkten. Diese Pflicht kann in einem Tun oder einer Unterlassung bestehen. Dabei kann es sein, dass der Beschenkte von dem Gegenstand der Schenkung etwas in einer bestimmten Weise verwenden muss, oder dass der Beschenkte nur in einer gewissen, vom Schenkenden vorgegebenen Weise mit dem Gegenstand der Schenkung verfahren darf.

» Schenkung eines Grundstücks gegen die Verpflichtung, den Schenker zu pflegen. Schenkung eines großen Mietshauses mit der Maßgabe, dass die Hälfte der Wohnungen an bedürftige Familien mit Kindern vermietet werden müssen.

Besondere gesetzliche Regelungen gelten für sogenannte Pflicht- und Anstandsschenkungen. Das sind Schenkungen, »durch die einer sittlichen Pflicht oder einer auf den Anstand zu nehmenden Rücksicht entsprochen wird«. Dazu gehören normale Geburtstags- und Weihnachtsgeschenke und Geschenke zu ähnlichen Anlässen.

Ausstattung

Unter einer Ausstattung sind alle Vermögenswerte zu verstehen, die der Vater oder die Mutter ihrem Kind mit Rücksicht auf die Verheiratung oder auf die Erlangung einer selbstständigen Lebensstellung zur Begründung oder zur Erhaltung der Wirtschaft oder der Lebensstellung zuwenden. Herkömmlich spricht man auch von der Aussteuer oder Mitgift. Die Ausstattung stellt keine Schenkung dar.

Ehebedingte Zuwendungen

Ehebedingte Zuwendungen sind solche vermögenswerten Leistungen, die ein Ehegatte dem anderen zur Verwirklichung oder Ausgestaltung, Erhaltung oder Sicherung der ehelichen Lebensgemeinschaft zukommen lässt. Sie stellen im Verhältnis zwischen Ehegatten keine Schenkung dar.

» A kauft eine Immobilie, die er aus seinem eigenen Einkommen bezahlt. Er lässt seine Ehefrau als Miteigentümerin im Grundbuch eintragen. B zahlt die Beiträge für die private Altersversorgung.

1.5.3 Formen von Zuwendungen unter Lebenden auf den Todesfall

Mit dem Schenkungsversprechen auf den Todesfall und der Schenkung durch Vertrag zugunsten Dritter auf den Todesfall stehen Ihnen außerhalb des Erbrechts zwei weitere Möglichkeiten zur Verfügung, Vermögenswerte zu übertragen.

Schenkungsversprechen auf den Todesfall

Sie können zu Lebzeiten ein Schenkungsversprechen abgeben, das unter der Bedingung erfolgt, dass der Beschenkte Sie überlebt, und dass die Schenkung erst nach Ihrem Tod vollzogen wird.

» Sie schenken Ihrer Tochter nach Abschluss ihres Studiums ein Einfamilienhaus unter der Bedingung, dass Ihre Tochter sie überlebt.

Schenkung durch Vertrag zugunsten Dritter auf den Todesfall

Sie haben auch die Möglichkeit, durch einen Vertrag zugunsten Dritter Vermögenswerte zuzuwenden. Wenn Sie eine Lebensversicherung oder einen Bausparvertrag abgeschlossen haben, können Sie für den Fall, dass Sie vor Ablauf der Versicherungszeit sterben, einen beliebigen Dritten benennen, an den die Versicherung oder die Bausparkasse die Versicherungssumme oder das angesparte Kapital im Bausparvertrag auszahlen soll. Das Besondere an dieser Form der Vermögensübertragung ist, dass die Zuwendung nicht in den Nachlass fällt.

» Sie schließen eine Lebensversicherung ab und benennen Ihre nichteheliche Lebenspartnerin als bezugsberechtigte Person.

2 Welche Grenzen Sie bei Verfügungen von Todes wegen beachten müssen?

Grundsätzlich steht es in Ihrem Belieben, durch ein Testament oder einen Erbvertrag Anordnungen über Ihr Vermögen nach dem Tod zu treffen. Allerdings bestehen gesetzliche Grenzen, die Ihr Recht, nach Belieben über Ihr Vermögen zu verfügen, beschränken. Bevor auf diese Grenzen bei der Gestaltung Ihrer Verfügung von Todes wegen näher eingegangen wird, sollen zum besseren Verständnis vorab einige wichtige erbrechtliche Begriffe erläutert werden.

2.1 Wichtige Begriffe des Erbrechts

2.1.1 Erbfall

Der Begriff Erbfall bezeichnet den Tod des Erblassers. Dieser tritt ein, wenn der Sterbende kein Lebenszeichen, also weder Herz- noch Atmungstätigkeit noch Gehirnaktivität mehr zeigt.

2.1.2 Erblasser

Erblasser ist die Person, um deren Nachfolge es im Falle Ihres Todes geht. Nur ein Mensch, also eine natürliche Person, kann Erblasser sein. Das Alter und die Geschäftsfähigkeit der Person haben keine Bedeutung. Juristische Personen (z.B. GmbH, Aktiengesellschaft, Verein) oder rechtsfähige Personengesellschaften (z.B. offene Handelsgesellschaften, Kommanditgesellschaften) können ihr Vermögen nicht vererben.

2.1.3 Erbe

Erbe ist die Person, auf die das Vermögen des Erblassers als Ganzes mit seinem Tod übergeht.

Achtung: Nicht jede Person, die aus einer Erbschaft etwas erwirbt, ist Erbe. Erbe ist nur, wer Gesamtrechtsnachfolger (vgl. unten) des Erblassers ist. Nicht zu den Erben gehören deshalb z.B. Vermächtnisnehmer oder pflichtteilsberechtigte Personen; diese werden nicht Träger der Erbschaft, sondern erwerben mit dem Erbfall nur Ansprüche (z.B. auf Zahlung eines bestimmten Geldbetrags) gegen die Erben.

Erbe kann nur sein, wer die sogenannte Erbfähigkeit besitzt und damit rechtlich imstande ist, in die Rechte und Pflichten des Erblassers einzutreten.

- Erbe ist jede natürliche Person, also jeder Mensch, wenn sie zum Zeitpunkt des Erbfalls lebt. Wer vor dem Erblasser verstorben ist, kann nicht Erbe sein. Der Erbe muss den Erblasser wenigstens eine kurze Zeit überleben, andernfalls wird die Erbeinsetzung in der Verfügung von Todes wegen unwirksam. Der Erblasser kann für diesen Fall einen anderen Erben (Ersatzerben) bestimmen.
- Erbe kann auch sein, wer zwar beim Erbfall noch nicht geboren, aber bereits erzeugt war. Voraussetzung ist allerdings, dass die Leibesfrucht nach dem Erbfall lebend geboren wird. In diesem Fall gilt der Erzeugte als vor dem Erbfall geboren.
- Erbe kann auch jede juristische Person sein, die zum Zeitpunkt des Erbfalls existiert. In Betracht kommen juristische Personen des privaten Rechts (z.B. Gesellschaften mit beschränkter Haftung, Aktiengesellschaften und eingetragene Vereine) und des öffentlichen Rechts (z.B. Gemeinden).
- Erbfähig sind auch rechtsfähige Personengesellschaften (offene Handelsgesellschaften, Kommanditgesellschaften), BGB-Gesellschaften und nicht eingetragene Vereine.

2.1.4 Miterbe

Steht einer Person nur ein Anteil am Nachlass zu, wird diese als Miterbe bezeichnet. Im Regelfall erbt nicht ein Alleinerbe, sondern eine Mehrheit von Erben (z.B. der überlebende Ehegatte zusammen mit den Kindern). In diesem Fall entsteht dann eine Erbengemeinschaft.

Dem Miterben einer Erbengemeinschaft steht aber kein bestimmter Teil des Nachlasses zu; vielmehr gehören alle Gegenstände des Nachlasses den Miterben gemeinschaftlich. Der einzelne Miterbe hat also kein Teilrecht an einem Nachlassgegenstand. Jeder einzelne Miterbe ist also Eigentümer, aber nur mit den anderen zusammen. Deshalb kann auch ein Miterbe allein über einzelne Nachlassgegenstände oder über seinen Anteil daran nicht verfügen.

» Eine Erbengemeinschaft besteht aus drei Miterben, denen jeweils ein Anteil von einem Drittel am Nachlass zusteht. Besteht der Nachlass aus drei Grundstücken, so steht nicht jedem Miterben ein Grundstück zu; vielmehr können die Miterben über jedes Grundstück im Nachlass nur gemeinsam verfügen.

2.1.5 Erbschaft, Nachlass

Erbschaft ist das Vermögen des Erblassers, das bei dessen Tod als Ganzes auf den oder die Erben übergeht. Zur Erbschaft gehören auch die zum Zeitpunkt des Erbfalls bestehenden Schulden des Erblassers. Das Gesetz spricht an einigen Stellen auch vom Nachlass, ohne dass dabei ein begrifflicher Unterschied zur Erbschaft besteht.

Vererblich sind grundsätzlich alle vermögensrechtlichen Positionen des Erblassers, u.a.

- bewegliche Sachen (z.B. Geld, Einrichtungsgegenstände) und Grundstücke,
- Ansprüche aus Darlehen und anderen Verträgen (z.B. Versicherungsverträge, Bausparverträge, Bankverträge),

- gesetzliche oder vertragliche Schadensersatzansprüche (auch Schmerzensgeldansprüche),
- Mitgliedschaftsrechte bei Kapitalgesellschaften (z.B. Namens- und Inhaberaktien, GmbH-Anteile),
- Urheber- und Patentrechte.

Achtung: Bei Lebens- und Kapitalversicherungen auf den Todesfall fällt der Anspruch auf die Versicherungssumme nur dann in den Nachlass, wenn nach dem Versicherungsvertrag kein Bezugsberechtigter Anspruch darauf hat.

Nicht vererblich sind höchstpersönliche Rechte des Erblassers, zum Beispiel der Nießbrauch an Sachen oder die Mitgliedschaft des Erblassers in einem Verein. Auch bestimmte Familienrechte (z.B. der Versorgungsausgleich) sind nicht vererblich.

2.1.6 Erbteil

Als Erbteil wird der Anteil eines Miterben an einer Erbschaft bezeichnet. Er besteht aus einem Bruchteil des Nachlasses, also nicht in einer bestimmten Wertsumme oder in einem Einzelgegenstand (vgl. dazu die Ausführungen zum Begriff »Miterbe«). Die Höhe des Bruchteils ergibt sich bei gesetzlicher Erbfolge aus dem Gesetz, bei gewillkürter Erbfolge aus der Verfügung von Todes wegen.

2.1.7 Erbfolge

Der Begriff »Erbfolge« besagt, wer nach dem Tod einer Person deren Erben sein sollen. Man unterscheidet zwischen der sogenannten gewillkürten und der gesetzlichen Erbfolge.

- Bei der gewillkürten Erbfolge beruht diese auf einer vom Erblasser errichteten Verfügung von Todes wegen, also z.B. eines Testaments.

- Bei der gesetzlichen Erbfolge legt unmittelbar das Gesetz fest, wer die Erben des Erblassers sein sollen. Sie tritt u.a. ein, wenn der Erblasser keine Verfügung von Todes wegen errichtet hat, die vom Erblasser vorgenommene Erbeinsetzung unwirksam ist (z.B. wegen eines Formmangels) oder sich die vom Erblasser errichtete Verfügung von Todes wegen nur auf einen Teil seines Vermögens erstreckt.

2.1.8 Verfügung von Todes wegen

Verfügung von Todes wegen bezeichnet als Oberbegriff die Formen, in denen der Erblasser sein Vermögen abweichend von der gesetzlichen Erbfolge nach seinem Tod weitergeben kann. In Betracht kommen das Testament (gelegentlich auch »letztwillige Verfügung« genannt) und der Erbvertrag.

2.1.9 Gesamtrechtsnachfolge

Gesamtrechtsnachfolge bedeutet, dass der Erbe unmittelbar kraft Gesetzes in die Rechtsstellung des Erblassers eintritt, also dessen Rechte und Pflichten übernimmt. Es bedarf also keiner Vermögensübertragung durch ein Rechtsgeschäft (z.B. einer Schenkung) auf den oder die Erben. Alle vererblichen Rechte und Pflichten gehen unmittelbar mit dem Erbfall auf den Erben über.

» Der Erbe erwirbt automatisch das Eigentum, er wird Schuldner der Verbindlichkeiten und Gläubiger der Forderungen des Erblassers.

Der Nachlass geht immer als Ganzes auf den oder die Erben über. Der Erblasser kann also nicht verschiedene Personen als Erben einzelner Nachlassgegenstände (z.B. Grundstücke) einsetzen. Mit der Annahme der Erbschaft verschmilzt der Nachlass mit dem privaten Vermögen des Erben zu einer Einheit.

2.2 Welche rechtlichen und wirtschaftlichen Gestaltungsgrenzen Sie beachten müssen

Grundsätzlich steht es in Ihrem Belieben, durch Verfügungen von Todes wegen Anordnungen und Bestimmungen über Ihr Vermögen nach dem Tod zu treffen. Sie können beispielsweise durch Testament oder Erbvertrag Ihre Erben und damit Ihre Vermögensnachfolger bestimmen, Ihr Vermögen unter mehreren Personen aufteilen, andere Personen als den von Ihnen eingesetzten Erben Geld oder Sachwerte zuwenden oder Verwandte oder Ihren Ehegatten von der gesetzlichen Erbfolge ausschließen. Eine vertragliche Beschränkung dieser verfassungsrechtlich garantierten Testierfreiheit ist grundsätzlich nicht möglich; eine entsprechende Verpflichtung, eine Verfügung von Todes wegen zu errichten oder nicht zu errichten, aufzuheben oder nicht aufzuheben, ist nichtig (§ 2302 BGB). Gleichwohl besteht die Testierfreiheit nicht uneingeschränkt. Es bestehen insbesondere erbrechtliche und wirtschaftliche Schranken.

2.2.1 Testier- bzw. Geschäftsfähigkeit muss vorliegen

Sie können ein Testament nur wirksam errichten, ändern oder aufheben, wenn Sie testierfähig sind. Der Abschluss eines Erbvertrags setzt Ihre Geschäftsfähigkeit voraus.

Nur wenn Sie testierfähig sind, können Sie ein Testament errichten

Grundsätzlich kann jede volljährige und voll geschäftsfähige Person ein Testament errichten. Ein Minderjähriger kann ein Testament nur errichten, wenn er das 16. Lebensjahr vollendet hat. Er braucht dazu nicht die Zustimmung seiner Eltern oder sonstiger gesetzlicher Vertreter (§ 2229 BGB). Allerdings kann er wirksam nur ein notarielles Testament durch Erklärung vor einem Notar oder Übergabe einer offenen Schrift errichten.

Kein Testament kann errichten

- wer noch nicht 16 Jahre alt ist,
- wer wegen krankhafter Störung der Geistestätigkeit, wegen Geistesschwäche oder wegen Bewusstseinsstörung nicht in der Lage ist, die Bedeutung einer von ihm abgegebenen Willenserklärung einzusehen und nach dieser Einsicht zu handeln (§ 2229 Abs. 4 BGB).

Seit dem Inkrafttreten des Betreuungsgesetzes gibt es keine Testierunfähigkeit wegen Entmündigung mehr. Zwar kann das Betreuungsgericht anordnen, dass der Betreute zu einer Willenserklärung, die den Aufgabenkreis des Betreuers betrifft, dessen Einwilligung bedarf. Dieser Einwilligungsvorbehalt erstreckt sich allerdings nicht auf Verfügungen von Todes wegen. Die Anordnung einer Betreuung hat keinen Einfluss auf die Testierfähigkeit. Der Betreute kann also ein Testament errichten und es widerrufen, es sei denn, er ist wegen seines Gesundheitszustands (vgl. oben) testierunfähig.

Achtung: Errichtet eine testierunfähige Person ein Testament, so ist dieses unheilbar nichtig. Es bleibt auch dann unwirksam, wenn die Person später die Testierfähigkeit (wieder)erlangt. Der nunmehr Testierfähige muss also ein neues Testament errichten.

» Das unwirksame Testament eines 15-Jährigen bleibt auch dann unwirksam, wenn er das 18. Lebensjahr vollendet.

Der Abschluss eines Erbvertrags erfordert die Geschäftsfähigkeit

Einen Erbvertrag kann als Erblasser nur schließen, wer unbeschränkt geschäftsfähig ist, also insbesondere 18 Jahre alt ist (§ 2275 Abs. 1 BGB). Ein Erbvertrag, den ein nicht voll geschäftsfähiger Erblasser abschließt, ist unwirksam. Von diesem Grundsatz bestehen jedoch zwei Ausnahmen:

- Trifft der Minderjährige im Erbvertrag keine testamentarischen Verfügungen, sondern nur der andere Vertragspartner (z.B. Zuwendung eines Vermächtnisses an den Minderjährigen), so bedarf er nicht der Zustimmung seines gesetzlichen Vertreters. Minderjährig ist, wer das 7., aber noch nicht das 18. Lebensjahr vollendet hat.
- Minderjährige Ehepartner und Verlobte können mit Zustimmung ihres gesetzlichen Vertreters, in der Regel ihrer Eltern, einen Erbvertrag abschließen. Ist der gesetzliche Vertreter ein Vormund, ist zusätzlich die Genehmigung des Familiengerichts erforderlich (§ 2275 Abs. 2 BGB).

2.2.2 Nur erbrechtlich vorgegebene Instrumente stehen Ihnen zur Verfügung

Bei der Übertragung Ihres Vermögens im Wege des Erbrechts sind Sie auf die gesetzlich vorgegebenen Instrumentarien beschränkt. Es stehen Ihnen ausschließlich das Testament und der Erbvertrag zur Verfügung. Auch darüber hinaus können Sie nur Verfügungen treffen, die das Gesetz vorsieht. Dazu gehören insbesondere

- Regelungen der Erbfolge, also die Erbeinsetzung, die Einsetzung eines Vor- und Nacherben und die Enterbung,
- Vermächtnisse,
- Auflagen,
- die Anordnung der Testamentsvollstreckung,
- Teilungsanordnungen und Teilungsverbote,
- die Entziehung oder Beschränkung des Pflichtteils.

Unter diesen gesetzlichen Instrumentarien haben Sie als Erblasser die freie Wahl, welche und wie viele der zulässigen Verfügungen Sie in Ihr Testament oder Ihren Erbvertrag aufnehmen und mit welchem konkreten Inhalt Sie das tun. Ihre Gestaltungsfreiheit erstreckt sich auch darauf, die verschiedenen Verfügungen miteinander zu kombinieren.

Achtung: Treffen Sie erbrechtliche Gestaltungen, die gesetzlich nicht zulässig sind, sind diese grundsätzlich unwirksam.

2.2.3 Sie müssen die gesetzlich vorgeschriebenen Formen beachten

Bei allen Verfügungen von Todes wegen müssen Sie die gesetzlich vorgegebenen Formen einhalten. Dabei stellt das Gesetz bei den verschiedenen Arten von Verfügungen von Todes wegen unterschiedliche Anforderungen an die jeweils einzuhaltenen Formen. Gesetzliche Formvorschriften bestehen für

- das eigenhändige Testament,
- das gemeinschaftliche eigenhändige Testament von Eheleuten,
- das notarielle Testament und
- den Erbvertrag.

Achtung: Die Missachtung der gesetzlich vorgeschriebenen Form hat die Unwirksamkeit Ihrer Verfügung von Todes wegen zur Folge.

2.2.4 Sie müssen Verfügungen von Todes wegen persönlich errichten

Ihre Verfügungen von Todes wegen können Sie nur persönlich festlegen (§§ 2064, 2274 BGB). Damit will das Gesetz Ihre Testierfreiheit gewährleisten.

Sie können sich nicht vertreten lassen

Die Errichtung eines Testaments durch einen Vertreter ist nicht zulässig. Das gilt sowohl für die Vertretung durch eine Vollmacht als auch durch einen gesetzlichen Vertreter (z.B. die Eltern). Eine testierunfähige Person kann also weder persönlich noch durch einen Vertreter eine Verfügung von Todes wegen errichten. Widerruft der Erblasser sein Testament durch ein neues Testament, so muss auch das Widerrufstestament höchstpersönlich errichtet werden.

Achtung: Hat der Erblasser sein Testament nicht persönlich errichtet, so ist die Verfügung von Anfang an nichtig. Das unwirksame Testament kann auch nicht nachträglich vom Erblasser genehmigt werden.

Auch einen Erbvertrag können Sie als Erblasser nur persönlich schließen. Sie können also nicht eine andere Person zum Vertragsschluss bevollmächtigen. Auch die Aufhebung des Erbvertrags oder den Rücktritt müssen Sie persönlich erklären. Sind Sie allerdings nur Vertragspartner in einem Erbvertrag und treffen selbst keine Verfügungen von Todes wegen, können Sie sich vertreten lassen.

Sie dürfen das Vertretungsverbot nicht umgehen

Es ist auch nicht möglich, dass das gesetzliche Gebot, erbrechtliche Verfügungen persönlich festzulegen, umgangen wird, indem der Erblasser zwar die Verfügung selbst errichtet, die Entscheidung über die Geltung und bestimmte Inhalte aber einem anderen überlässt.

- Sie dürfen Ihre Verfügungen weder an die Zustimmung eines anderen knüpfen noch einen anderen zum Widerruf oder zu Änderungen ermächtigen. Einer anderen Person darf auch nicht die Entscheidung überlassen werden, welches von mehreren alternativen Testamenten gelten soll.

- Sie können es einer anderen Person nicht überlassen, nach freiem Ermessen die Person zu bestimmen, die eine Zuwendung (z.B. Erbschaft, Vermächtnis) erhalten soll.
- Und schließlich können Sie nicht eine andere Person ermächtigen, den Gegenstand festzulegen, den der Empfänger der Zuwendung erhalten soll. Sie dürfen es also z.B. nicht einem anderen überlassen, die Höhe der Erbteile zu bestimmen oder Abweichungen von den von Ihnen festgelegten Erbteilen vorzunehmen.

Achtung: Verfügungen, die dem widersprechen, sind unwirksam.

2.2.5 Sie müssen Bindungen durch einen Erbvertrag oder ein gemeinschaftliches Testament berücksichtigen

Sie können Ihre Testierfreiheit selbst beschränken, indem Sie bereits Verfügungen getroffen haben, die Sie rechtlich binden. Treffen Sie dann neue, dem entgegenstehende Verfügungen, hat dies die Nichtigkeit der neuen Verfügung zur Folge.

Sie bindende Verfügungen erfolgen

- durch vertragsmäßige Verfügungen in einem Erbvertrag und
- durch sogenannte wechselbezügliche Verfügungen in einem gemeinschaftlichen Testament mit Ihrem Ehegatten.

» In einem Erbvertrag mit A haben Sie diesen als Alleinerben eingesetzt. Sie können danach nicht durch ein Testament B als Erben einsetzen. Die Erbeinsetzung im Testament wäre nichtig.

2.2.6 Sie dürfen bestimmten Einrichtungen und Personen nichts zuwenden

Zwar steht es in Ihrem Belieben, grundsätzlich jede Person als Ihren Erben einzusetzen, es gibt jedoch Einrichtungen und Personen, die Sie aufgrund Ihrer besonderen Beziehung zu Ihnen nicht als Erben bestimmen können.

Einschränkungen erfährt Ihre Testierfreiheit in diesem Zusammenhang durch das Heimgesetz. So ist es dem Träger des Heims, seinem Leiter und dessen Angehörigen, den Beschäftigten und sonstigen Mitarbeitern untersagt, sich über das für die Unterbringung, Beköstigung und Pflege der Bewohner vereinbarte Entgelt hinaus Leistungen oder geldwerte Leistungen versprechen oder gewähren zu lassen, soweit es sich nicht um geringwertige Leistungen handelt. Eine gegen das Zuwendungsverbot verstoßende Verfügung von Todes wegen ist nichtig. Gesetzlich verboten sind testamentarische Verfügungen allerdings nur, wenn der Bedachte vom Inhalt des Testaments Kenntnis erhält und der Heimbewohner von dieser Kenntnis weiß.

Achtung: Keine Anwendung findet das Zuwendungsverbot nach dem Heimgesetz auf ein Betreuungsverhältnis. Eine Verfügung von Todes wegen, mit der ein Betreuer vom Betreuten bedacht wird, ist also wirksam.

Beamte und Angestellte des öffentlichen Dienstes dürfen Belohnungen in Bezug auf ihre Tätigkeit ohne Zustimmung ihres Dienstherrn bzw. Arbeitgebers nicht annehmen. Das gilt auch für Zuwendungen durch Verfügungen von Todes wegen.

2.2.7 Sie müssen wirtschaftliche Beschränkungen beachten

Ihre Testierfreiheit wird auch durch wirtschaftliche Schranken begrenzt. Diese betreffen insbesondere die gesetzlichen Pflichtteilsansprüche Ihres Ehegatten und Ihrer Kinder sowie den Anspruch Ihres Ehegatten auf Ausgleich des Zugewinns.

Beachten Sie das Pflichtteilsrecht Ihres Ehegatten und Ihrer Abkömmlinge

Ihre wirtschaftliche Freiheit, über Ihren Nachlass zu disponieren, wird durch den sogenannten Pflichtteil eingeschränkt. Er gibt Ihren Abkömmlingen (Kindern, Enkeln) und Ihrem Ehegatten einen Anspruch auf eine Mindestbeteiligung in Höhe der Hälfte des Werts ihres gesetzlichen Erbteils. Diesen Anspruch können Sie den Pflichtteilsberechtigten grundsätzlich nicht entziehen.

Ihr Ehegatte hat Anspruch auf Ausgleich des Zugewinns

Wenn Eheleute im gesetzlichen Güterstand der Zugewinngemeinschaft leben, erfolgt bei Beendigung der Ehe ein Ausgleich des während der Ehe erzielten Zugewinns. Endet der Güterstand durch Tod eines Ehegatten, so erfolgt der Zugewinnausgleich dadurch, dass sich der gesetzliche Erbteil des Ehegatten pauschal um ¼ seiner Erbschaft erhöht. Keine Bedeutung hat, ob die Ehegatten im Einzelfall tatsächlich einen Zugewinn erzielt haben. Anstelle dieses pauschalen (erbrechtlichen) Zugewinnausgleichs kann der überlebende Ehegatte die Erbschaft ausschlagen und den Ausgleich des tatsächlich erzielten Zugewinns (güterrechtlicher Zugewinnausgleich) verlangen. Daneben steht ihm dann noch sein Pflichtteil zu.

3 Wie Sie Ihr Vermögen durch Verfügungen von Todes wegen übertragen

Wenn Sie von der gesetzlichen Erbfolge abweichen wollen, müssen Sie eine Verfügung von Todes wegen errichten, also entweder ein Testament verfassen oder einen Erbvertrag abschließen. Dabei müssen Sie die gesetzlich vorgeschriebenen Formen beachten. Andernfalls sind Ihre Anordnungen unwirksam. In Ihrer Verfügung von Todes wegen können Sie neben der Änderung der Erbfolge auch andere Anordnungen treffen.

3.1 In welchen Arten und Formen Sie Verfügungen von Todes wegen errichten können

Als Verfügungen von Todes wegen stehen Ihnen das Testament und der Erbvertrag zur Verfügung. Bei der Errichtung eines Testaments oder beim Abschluss eines Erbvertrags müssen Sie die gesetzlich vorgeschriebenen Formen beachten.

Achtung: Verstöße gegen die gesetzlichen Formvorschriften haben zur Folge, dass die Verfügung von Todes wegen unwirksam ist. Der Formfehler kann auch nicht geheilt werden, selbst wenn der Wille des Erblassers klar und eindeutig feststeht.

3.1.1 Eigenhändiges Testament

Die in der Praxis bedeutendste Verfügung von Todes wegen ist das Testament. Es enthält einseitige Verfügungen des Erblassers von Todes wegen. Sie können wählen zwischen dem privaten eigenhändigen Testament und dem notariellen, zur Niederschrift eines Notars abgegebenen Testament.

Wenn Sie erbrechtliche Verfügungen in einem eigenhändigen Testament treffen, müssen Sie Ihre Verfügungen eigenhändig schreiben und unterschreiben. Diese Form des Testaments ist die am häufigsten gewählte.

Achtung: Minderjährige oder Leseunfähige können kein eigenhändiges Testament errichten (§ 2247 Abs. 4 BGB).

! Das eigenhändige Testament hat gegenüber dem notariellen Testament den Vorteil, dass Sie es schnell und an jedem Ort errichten können und Ihnen keine Notarkosten entstehen. Sie können es leichter ändern und an jedem Ort aufbewahren.

Sie müssen das Testament eigenhändig schreiben

Ein eigenhändiges Testament ist nur wirksam, wenn Sie den Text Ihres Testaments eigenhändig schreiben und unterschreiben (§ 2247 Abs. 1 BGB). Sie müssen also den Text von der ersten bis zur letzten Zeile mit der Hand schreiben. Ein mit der Schreibmaschine oder mithilfe eines Computers geschriebener Text erfüllt nicht die gesetzlichen Anforderungen und ist unwirksam. Ungültig ist Ihr Testament auch dann, wenn Sie einer anderen Person den Text diktieren und die von der dritten Person verfasste Niederschrift unterzeichnen.

Beachten Sie:

- Ihr Schriftstück müssen Sie nicht als »Testament« oder »Letzter Wille« o. Ä. bezeichnen.
- Achten Sie darauf, dass Ihre Erklärung lesbar ist. Andernfalls liegt keine rechtliche Erklärung vor; das Testament wäre nichtig.
- Sie können bei der Errichtung Ihres Testaments von einer anderen Person körperlich unterstützt werden, z.B. indem diese Person Ihren Arm oder Ihre Hand hält. Die Person darf aber nicht Ihre Hand führen. Die Erklärung muss Ihrem Willen entsprechen.

- Nehmen Sie im Testament nicht auf Schriftstücke Bezug, die Sie nicht eigenhändig geschrieben haben.
- Keine Bedeutung hat, in welcher Sprache das Testament verfasst ist.
- Auch ein handschriftlicher Brief kann ein Testament enthalten, wenn er eigenhändig geschrieben und unterschrieben ist.
- Wer nicht schreiben kann, kann kein eigenhändiges, sondern nur ein notarielles Testament errichten. Sie können Verfügungen im Testament auch nach der Errichtung jederzeit eigenhändig durchstreichen.
- Achten Sie darauf, dass Sie Änderungen in Ihrem Testament formgerecht vornehmen. Änderungen in mechanischer Schrift (z.B. mithilfe einer Schreibmaschine) sind nichtig. Es gilt dann weiterhin Ihre alte Verfügung.

Sie müssen das Testament eigenhändig unterschreiben

Ihr Testament müssen Sie eigenhändig unterschreiben. Ihre Unterschrift soll Ihren Vornamen und Familiennamen enthalten. Es genügt also nicht, dass Sie sich im Eingang des Textes lediglich selbst bezeichnen (»Ich, Werner Müller, erkläre hiermit meinen Letzten Willen wie folgt: ...«). Im Gegensatz zu Ihrer Erklärung muss Ihre Unterschrift nicht leserlich sein. Sie muss aber die entsprechenden charakterlichen Merkmale aufweisen.

Unter Umständen kann ein Testament auch dann wirksam sein, wenn es nur mit einem Namenskürzel oder einer Familienbezeichnung (z.B. »Euer Vater«) unterzeichnet ist. Voraussetzung ist allerdings, dass die Urheberschaft des Erblassers zweifelsfrei festzustellen ist.

Ihre Unterschrift muss den Wortlaut des Testaments abschließen. Sie muss also unter dem Text stehen. Es reicht nicht aus, dass Ihr Name irgendwo mitten im Text steht.

Beachten Sie:

- Wenn Sie in Ihrem Testament später Zusätze unterhalb Ihrer Unterschrift vornehmen, müssen Sie diese gesondert unterschreiben.
- Nachträge auf einem gesonderten Blatt stellen ein neues Testament dar und müssen unterschrieben sein.
- Wenn Ihr Testament mehrere Seiten umfasst, reicht es aus, wenn Sie die zusammengehefteten Seiten auf der letzten Seite unterschreiben.
- Anlagen, auf die Sie im Testament verweisen, sollten Sie gesondert unterschreiben.

Sie sollten den Ort und das Datum angeben

Sie sollten Ihr Testament mit Orts- und Datumsangabe (Tag, Monat, Jahr) versehen. Fehlen diese Angaben, ist Ihr Testament allerdings nicht zwangsläufig unwirksam. Sinnvoll ist es, das Datum, an dem Sie Ihr Testament errichtet haben, anzugeben. Wenn Sie nämlich mehrere sich widersprechende Testamente errichtet haben, kann fraglich sein, welches Testament Ihr aktuelles ist.

Wo Sie Ihr Testament aufbewahren können

Ihr eigenhändiges Testament können Sie an jedem beliebigen Ort aufbewahren. Sinnvoll ist es, dass Sie eine vertrauenswürdige Person über den Aufbewahrungsort informieren. Sie können Ihr Testament auch in amtliche Verwahrung geben, um es vor Verlust oder Fälschung zu schützen. Die amtliche Verwahrung beim Amtsgericht kostet einmalig und pauschal 75,– €. Bei amtlicher Verwahrung des Testaments erhalten Sie einen Hinterlegungsschein. Sollte dieser verloren gehen oder beim Erbfall nicht gefunden werden, wird das Testament gleichwohl berücksichtigt, weil das Amtsgericht bei der Hinterlegung das Standesamt Ihres Geburtsorts benachrichtigt, das im Sterbefall das Nachlassgericht informieren wird.

Formelle Anforderungen an ein eigenhändiges Testament

Wenn Ihr Testament nicht den gesetzlichen Anforderungen entspricht, ist es unwirksam und entfaltet keine rechtlichen Folgen. Befassen Sie sich mit den nachfolgenden Fragen, bevor Sie sich inhaltlich mit Ihrem Testament beschäftigen.

Checkliste: Eigenhändiges Testament

Ist Ihnen bewusst, dass Sie das 18. Lebensjahr vollendet haben müssen, wenn Sie wirksam ein eigenhändiges Testament errichten wollen?	[ ]
Wissen Sie, dass Sie bereits ab Vollendung des 16. Lebensjahres ein notarielles Testament durch Übergabe einer offenen Schrift errichten können?	[ ]
Haben Sie in Ihrem eigenhändigen Testament Ihren letzten Willen durch eine eigenhändig geschriebene Erklärung zum Ausdruck gebracht?	[ ]
Haben Sie Ihr Testament eigenhändig unterschrieben?	[ ]
Haben Sie Ihr Testament mit dem Ort und dem Datum der Errichtung versehen?	[ ]
Haben Sie etwaige Änderungen im Testament formgerecht vorgenommen?	[ ]
Wissen Sie, wo Sie Ihr eigenhändiges Testament aufbewahren wollen?	[ ]
Wissen Sie, dass ein eigenhändiges Testament, das Sie in amtliche Verwahrung gegeben haben, nicht automatisch unwirksam wird, wenn Sie es aus der amtlichen Verwahrung nehmen?	[ ]
Ist Ihnen bewusst, dass Sie Ihr Testament jederzeit widerrufen oder vernichten können?	[ ]

3.1.2 Notarielles Testament

Sie können ein Testament auch zur Niederschrift eines Notars errichten, indem Sie dem Notar Ihren letzten Willen erklären oder ihm eine offene oder geschlossene Schrift mit der Erklärung übergeben, dass die Schrift Ihren letzten Willen enthält (§ 2232 BGB).

! Mit dem notariellen Testament können Sie Formfehler, wie Sie beim eigenhändigen Testament ohne Hinzuziehung eines Notars vorkommen können, vermeiden. Durch die amtliche Verwahrung des Testaments (vgl. unten) besteht keine Gefahr, dass Ihre Verfügungen vernichtet oder verändert werden. Durch ein notarielles Testament wird in vielen Fällen ein Erbschein, dessen Erteilung oft lange dauert und Kosten verursacht, überflüssig. Andererseits entstehen bei der Errichtung des notariellen Testaments Notarkosten, ferner fallen die Kosten der amtlichen Verwahrung an.

Notarielles Testament durch Erklärung

Im Regelfall wird das notarielle Testament errichtet, indem Sie zur Niederschrift des Notars Ihren letzten Willen erklären. Ihr letzter Wille wird dann in einer notariellen Urkunde niedergeschrieben. Der Notar liest Ihnen die Niederschrift vor. Diese wird, wenn Sie keine Änderungen mehr vornehmen wollen, von Ihnen und dem Notar unterschrieben.

! Es ist nicht notwendig, dass der Erblasser seinen letzten Willen gegenüber dem Notar »mündlich« erklärt. Die Erklärung kann auch durch Gebärden, Zeichen oder auf andere Weise zum Ausdruck gebracht werden. Damit können auch Sprechunfähige ein notarielles Testament durch Erklärung gegenüber dem Notar errichten und sind nicht darauf beschränkt, ein entsprechendes Testament durch Übergabe einer offenen oder geschlossenen Schrift (vgl. unten) zu errichten.

Im Rahmen der Errichtung eines notariellen Testaments durch Erklärung des Erblassers vor einem Notar obliegen dem Notar eine Reihe von Belehrungs- und Aufklärungspflichten. So ist der Notar u.a. verpflichtet, die Testierfähigkeit des Erblassers festzustellen und diesen über die rechtliche Tragweite seiner Verfügung zu belehren.

Notarielles Testament durch Übergabe einer Schrift

Sie können ein notarielles Testament auch in der Form errichten, dass Sie dem Notar eine offene oder verschlossene Schrift mit dem Hinweis übergeben, dass diese Schrift Ihren letzten Willen enthält. Die dem Notar übergebene Schrift muss vom Erblasser nicht eigenhändig geschrieben sein. Bei der Errichtung des notariellen Testaments durch Übergabe einer Schrift entfällt die Beratung des Notars.

Es entstehen Notarkosten

Bei der Errichtung des notariellen Testaments entstehen Ihnen Notarkosten. Die Kosten richten sich nach dem Wert des Nachlasses. Für die Beurkundung ist nach dem Gerichts- und Notarkostengesetz eine volle Gebühr zu entrichten. Bei einem Nachlasswert von zum Beispiel 25.000,– € beläuft sich die Gebühr auf 115,– €, von 50.000,– € auf 165,– €, von 200.000,– € auf 435,– €, jeweils zuzüglich der gesetzlichen Mehrwertsteuer. Die Kosten können Sie vorab beim Notariat erfragen.

Notarielles Testament wird amtlich verwahrt

Das notarielle Testament wird nach der Beurkundung durch den Notar immer in besondere amtliche Verwahrung gebracht. Zuständig ist das Amtsgericht, in dessen Bezirk der Notar seinen Sitz hat. In Baden-Württemberg wird das notarielle Testament im zuständigen Notariat amtlich verwahrt.

Die amtliche Verwahrung eines Testaments beim Nachlassgericht kostet einmalig und pauschal 75,– € plus gesetzliche Mehrwertsteuer.

Achtung: Wenn Sie Ihr notarielles Testament aus der amtlichen Verwahrung zurücknehmen, hat das automatisch zur Folge, dass Ihr Testament als widerrufen gilt.

3.1.3 Gemeinschaftliches Testament von Eheleuten und Lebenspartnern

Für Ehegatten und eingetragene Lebenspartner sieht das Gesetz eine Testamentsform vor, die deren besonderen Interessen berücksichtigt: das gemeinschaftliche Testament. Das Besondere an diesem Testament ist, dass darin Verfügungen sowohl für den Tod des einen wie auch für den Tod des anderen Ehegatten bzw. eingetragenen Lebenspartners getroffen werden können, die, wenn sie im Hinblick darauf getroffen wurden, dass auch der andere Ehegatte eine entsprechende Verfügung vorgenommen hat (sogenannte wechselbezügliche Verfügungen; vgl. unten), nicht ohne Weiteres geändert oder aufgehoben werden können.

Achtung: Unverheiratete Personen wie Verlobte oder Partner in einer nichtehelichen Lebensgemeinschaft können kein gemeinschaftliches Testament errichten. Sie können ihre erbrechtlichen Verfügungen nur in Einzeltestamenten vornehmen oder, wenn sie sich rechtlich binden wollen, erbvertragliche Regelungen treffen.

! Das gemeinschaftliche Testament entspricht dem Wunsch vieler Eheleute und eingetragener Lebenspartner, gemeinschaftlich über ihr Vermögen nach dem Tod zu verfügen. Deshalb ist das gemeinschaftliche Testament, insbesondere in der Form des Berliner Testaments weit verbreitet. Es wird Eheleuten allgemein als Verfügung von Todes wegen empfohlen. Soweit bei den nachfolgenden Ausführungen vom gemeinschaftlichen Testament von Eheleuten die Rede ist, betrifft dies gleichzeitig auch das gemeinschaftliche Testament von gleichgeschlechtlichen Lebenspartnern.

Selbstverständlich können Eheleute auch jeweils Einzeltestamente errichten und dort gegenseitig abgestimmte Verfügungen treffen. Diese Testamente können dann zwar schnell etwaigen geänderten Lebensumständen angepasst werden, der Nachteil bei diesen Verfügungen von Todes wegen besteht aber darin, dass jeweils Änderungen vorgenommen werden können, ohne dass der andere Ehegatte davon erfahren muss. Dagegen können Verfügungen in einem gemeinschaftlichen Testament, die in einem Gegenseitigkeitsverhältnis stehen (wechselbezügliche Verfügungen), nicht wirksam vorgenommen werden, ohne dass der andere Ehegatte davon erfährt. Dieser Umstand entspricht regelmäßig dem Bedürfnis von Eheleuten, ihre wirtschaftlichen Verhältnisse auch für die Zeit nach dem Tod gemeinschaftlich zu regeln und vor allem den überlebenden Ehegatten finanziell abzusichern.

Häufig beschränken sich Eheleute mit Kindern nicht darauf, sich gegenseitig als Erben einzusetzen mit der Folge, dass der überlebende Ehegatte in diesem Fall nach Eintritt des Erbfalls Inhaber des gesamten Ehevermögens wird. Vielmehr regeln sie auch noch, dass dann das gesamte Vermögen beim zweiten Erbfall auf die Kinder übergehen soll. Man spricht in diesem Zusammenhang vom Berliner Testament.

Durch wechselbezügliche Verfügungen sind die Eheleute gebunden

In einem gemeinschaftlichen Testament können Eheleute wie in einem Einzeltestament ganz normale einseitige Verfügungen treffen, die sie jederzeit widerrufen können. Das Besondere an dieser Testamentsform ist jedoch, dass sie darüber hinaus oder ausschließlich sogenannte wechselbezügliche Verfügungen treffen können. Diese sind in ihrer Wirksamkeit voneinander abhängig und sie können nur unter besonderen Voraussetzungen widerrufen werden. Und nach dem Tod eines Ehegatten sind sie für den anderen Ehegatten verbindlich.

Unter wechselbezüglichen Verfügungen sind solche Verfügungen zu verstehen, von denen anzunehmen ist, dass sie ein Ehegatte gerade deshalb trifft, weil auch der andere Ehegatte eine bestimmte andere Verfügung getroffen hat (§ 2270 Abs. 1 BGB). Die eine Verfügung wäre also nicht ohne die andere getroffen worden. Beide Verfügungen stehen also in einem wechselseitigen Abhängigkeitsverhältnis.

» A setzt seine Frau als Alleinerbin ein, weil ihn seine Frau ebenfalls als Alleinerben bestimmt hat.

Ob und welche Verfügungen im gemeinschaftlichen Testament wechselbezüglich sein sollen, bestimmen die Eheleute. Als wechselseitige Verfügungen kommen allerdings nur die Erbeinsetzung, das Vermächtnis und die Auflage in Betracht. Andere Verfügungen (z.B. Enterbung oder Entziehung des Pflichtteils) können zwar auch getroffen, aber nur als einseitige, nicht als wechselbezügliche Anordnungen.

Wenn im gemeinschaftlichen Testament keine eindeutigen Festlegungen getroffen wurden, welche Verfügungen wechselbezüglich sein sollen, müssen die testamentarischen Anordnungen ausgelegt werden. Maßgebend sind dabei der Wortlaut und der Inhalt des gemeinschaftlichen Testaments. Enthält dieses keine eindeutigen Anordnungen, ist zunächst der Wille der Eheleute maßgebend. So sprechen zum Beispiel gleichlautende Verfügungen in einem gemeinschaftlichen Testament für ihre Wechselbezüglichkeit.

» Beide Eheleute setzen sich jeweils als Alleinerbe ein.

Lässt sich der Wille der Eheleute nicht eindeutig ermitteln, gilt die gesetzliche Auslegungsregel des § 2270 Abs. 2 BGB: Danach ist von einer wechselbezüglichen Verfügung im Zweifel auszugehen, wenn sich die Ehegatten gegenseitig bedenken oder wenn dem einen Ehegatten von dem anderen eine Zuwendung gemacht und für den Fall des Überlebens des Bedachten eine Verfügung zugunsten einer Person getroffen wird, die mit dem anderen Ehegatten verwandt ist oder ihm nahesteht.

» Die Eheleute A und B setzen sich gegenseitig zu Erben ein und bestimmen, dass nach dem Tod des länger lebenden Ehegatten der gesamte Nachlass an die gemeinsamen Kinder fallen soll.

Muster: Wechselbezügliche Verfügung

Wir, _____ [Vor- und Familiennamen des Ehegatten] und _____ [Vor- und Familiennamen des anderen Ehegatten], setzen uns gegenseitig zu alleinigen und unbeschränkten Erben ein. Schlusserben sollen nach dem Tod des letztversterbenden Ehegatten unsere gemeinsamen Kinder zu gleichen Teilen sein.

! Sie können Auslegungsschwierigkeiten in Ihrem gemeinschaftlichen Testament vermeiden, wenn Sie im Testament ausdrücklich klarstellen, welche Verfügungen wechselbezüglich sind.

Muster: Ausdrückliche Festlegung wechselbezüglicher Verfügungen

Die in den Ziffern _____ [Bezeichnung der Ziffern, in denen Sie zuvor wechselbezügliche Verfügungen getroffen haben] getroffenen Verfügungen sind wechselbezüglich.

[Oder]

Wir, _____ [Vor- und Familiennamen des Ehegatten] und _____ [Vor- und Familiennamen des anderen Ehegatten], setzen uns gegenseitig zu alleinigen und unbeschränkten Erben ein. Diese Verfügung ist wechselbezüglich.

Treffen Ehegatten in einem gemeinschaftlichen Testament wechselbezügliche Verfügungen, so ist das mit folgenden rechtlichen Folgen verbunden:

- Die Nichtigkeit oder der Widerruf der einen Verfügung hat die Unwirksamkeit der anderen Verfügung zur Folge (§ 2270 Abs. 1 BGB). Die eine Verfügung steht und fällt also mit der anderen.
- Mit dem Tod des anderen Ehegatten kann der überlebende Ehegatte die Verfügung nicht mehr widerrufen. Er kann also grundsätzlich keine abweichende letztwillige Verfügung mehr treffen.

Welche Formen Sie beachten müssen

Das gemeinschaftliche Testament kann als eigenhändiges oder notarielles Testament errichtet werden.

Wird das gemeinschaftliche Testament als eigenhändiges Testament errichtet, gelten die für das eigenhändige Testament dargelegten Anforderungen. Allerdings besteht gesetzlich eine Formerleichterung: Es genügt, wenn einer der Ehegatten den Text eigenhändig schreibt und unterzeichnet und der andere Ehegatte die gemeinschaftliche Erklärung eigenhändig mitunterzeichnet (§ 2267 BGB). Der mitunterzeichnende Ehegatte soll auch angeben, an welchem Ort und zu welcher Zeit (Tag, Monat, Jahr) er seine Unterschrift beigefügt hat.

Muster: Eigenhändiges gemeinschaftliches Testament

Wir, _____ [Vor- und Familiennamen des Ehegatten] und _____ [Vor- und Familiennamen des anderen Ehegatten], setzen uns gegenseitig zu alleinigen und unbeschränkten Erben ein.

Düsseldorf, den _____ (Datum und Unterschrift des Ehegatten)

Düsseldorf, den _____ (Datum und Unterschrift des anderen Ehegatten)

Der Ehegatte, der die Erklärung nicht eigenhändig errichtet hat, kann auch durch einen Zusatztext ausdrücklich zum Ausdruck bringen, dass er mit der Verfügung einverstanden ist.

Muster: Eigenhändiges gemeinschaftliches Testament

Wir, _____ [Vor- und Familiennamen des Ehegatten] und _____ [Vor- und Familiennamen des anderen Ehegatten], setzen uns gegenseitig zu alleinigen und unbeschränkten Erben ein.

Düsseldorf, den _____(Datum und Unterschrift des Ehegatten)

Das ist auch mein letzter Wille.

Düsseldorf, den _____(Datum und Unterschrift des anderen Ehegatten)

Das gemeinschaftliche notarielle Testament errichten die Ehegatten gemeinsam vor einem Notar. Beide Eheleute können dem Notar ihren letzten Willen entweder mündlich erklären oder ihm eine offene oder verschlossene Schrift mit der Erklärung übergeben, dass die Schrift ihren letzten Willen enthält.

Achtung: Bei der Errichtung des notariellen Testaments entstehen Notarkosten. Die Kosten richten sich nach dem Wert des Nachlasses. Für die Beurkundung sind nach dem Gerichts- und Notarkostengesetz zwei volle Gebühren zu entrichten. Bei einem Nachlasswert von zum Beispiel 25.000,– € beläuft sich die Gebühr auf 230,– €, von 50.000,– € auf 330,– €, von 200.000,– € auf 870,– €, jeweils zuzüglich gesetzlicher Mehrwertsteuer. Die Kosten können vorab beim Notariat erfragt werden.

Wo das gemeinschaftliche Testament aufbewahrt wird

Während Sie Ihr eigenhändiges gemeinschaftliches Testament an jedem beliebigen Ort aufbewahren oder in amtliche Verwahrung geben können, wird das notarielle Testament nach der Beurkundung durch den Notar immer in besondere amtliche Verwahrung gebracht. Zuständig ist das Amtsgericht, in dessen Bezirk der Notar seinen Sitz hat. In Baden-Württemberg wird das notarielle Testament im zuständigen Notariat amtlich verwahrt.

Die amtliche Verwahrung eines Testaments beim Nachlassgericht kostet einmalig und pauschal 75,– €. Die Rücknahme aus der amtlichen Verwahrung ist nur durch beide Ehegatten gemeinsam und persönlich möglich.

Auflösung der Ehe führt zur Unwirksamkeit des gemeinschaftlichen Testaments

Ein gemeinschaftliches Testament ist nur wirksam, wenn die Eheleute zum Zeitpunkt der Errichtung des Testaments in einer gültigen Ehe leben. Deshalb wird das Testament seinem ganzen Inhalt nach grundsätzlich unwirksam, wenn die Ehe nach Errichtung des gemeinschaftlichen Testaments geschieden wird. Das gilt auch, wenn während des Scheidungsverfahrens der Erblasser stirbt und er die Scheidung beantragt oder ihr zugestimmt hat (§§ 2268, 2077 BGB).

Nur ausnahmsweise gelten die Verfügungen im gemeinschaftlichen Testament weiter, wenn anzunehmen ist, dass sie auch für den Fall der Auflösung der Ehe getroffen wurden. Nach der Lebenserfahrung ist aber im Regelfall davon auszugehen, dass die Eheleute nach Auflösung ihrer Ehe nicht wünschen, dass das gemeinschaftliche Testament fortgelten soll. Für die gegenteilige Annahme müssen deshalb besondere Umstände vorliegen. Beweispflichtig für solche besonderen Umstände ist derjenige, der sich nach der rechtskräftigen Scheidung der Ehe darauf beruft.

Checkliste: Gemeinschaftliches Testament

Wollen Sie mit Ihrem Ehegatten ein gemeinschaftliches Testament errichten?	[ ]
Ist Ihnen bewusst, dass Sie in einem gemeinschaftlichen Testament auch sogenannte wechselbezügliche Verfügungen treffen können?	[ ]
Wissen Sie, dass Sie ein gemeinschaftliches Testament als eigenhändiges oder notarielles Testament errichten können?	[ ]
Wissen Sie, dass das eigenhändige gemeinschaftliche Testament von einem Ehegatten handschriftlich verfasst und von beiden Ehegatten mit dem Vor- und Familiennamen unterzeichnet werden muss?	[ ]
Wissen Sie, dass einseitige Verfügungen im gemeinschaftlichen Testament jederzeit (auch nach dem Tod des anderen) frei widerrufen werden können?	[ ]
Ist Ihnen bewusst, dass ein einseitiger Widerruf einer wechselbezüglichen Verfügung durch einen Ehegatten nur durch von einem Notar beurkundete Erklärung gegenüber dem anderen Ehegatten erfolgen kann?	[ ]
Wissen Sie, dass das Widerrufsrecht einer wechselbezüglichen Verfügung in einem gemeinschaftlichen Testament mit dem Tod des einen Ehegatten erlischt und die Verfügung nur dann aufgehoben wird, wenn der überlebende Ehegatte das ihm vom Verstorbenen Zugewendete ausschlägt?	[ ]

3.1.4 Berliner Testament

Beim sogenannten Berliner Testament setzen sich die Eheleute durch ein gemeinschaftliches Testament gegenseitig als Vollerben ein und bestimmen, dass nach dem Tod des Längstlebenden der beiderseitige Nachlass an einen Dritten (in der Regel an die Kinder) fallen soll (§ 2269 BGB). Somit wird nicht nur die Erbfolge unter den Eheleuten geregelt, sondern auch ein zweiter Erbgang, nämlich die Erbfolge des überlebenden Ehegatten. Das gemeinschaftliche Vermögen, das aus dem Nachlass des erstversterbenden Ehegatten und dem Vermögen des überlebenden Ehegatten besteht, fällt nach dessen Tod einer oder mehreren Personen zu.

Muster: Berliner Testament

Wir, _____ [Vor- und Familiennamen des Ehegatten] und _____ [Vor- und Familiennamen des anderen Ehegatten], setzen uns gegenseitig zu alleinigen und unbeschränkten Erben ein.
Erben des Längstlebenden sind unsere gemeinsamen Kinder _____ und _____ [Vor- und Familiennamen der Kinder einsetzen] zu gleichen Teilen.

Dem überlebenden Ehegatten steht es zu Lebzeiten frei, über das während der Ehe gemeinsam erwirtschaftete Vermögen zu verfügen. Er kann allerdings nach dem Tod des Ehegatten durch eine Verfügung von Todes wegen nicht dessen letztwillige Verfügung ändern oder aufheben. Nur wenn der überlebende Ehegatte die Erbschaft ausschlägt, gewinnt er erbrechtlich wieder volle Handlungsfreiheit.

Achtung: Das Berliner Testament kann aus erbschaftsteuerlicher Sicht in zweifacher Hinsicht nachteilig sein. Das Vermögen des Erstversterbenden unterliegt zweimal der Erbschaftsteuer, einmal beim Erwerb durch den überlebenden Ehegatten und, soweit es nach dessen Tod noch vorhanden ist, noch einmal beim Erwerb durch die Schlusserben. Die Freibeträge der Kinder nach dem ersten Erbfall bleiben ungenutzt. Der Nachlass des Letztversterbenden besteht aus dessen eigenem Vermögen und dem vom verstorbenen Ehegatten geerbten Vermögen, sodass bei größerem Vermögen die Freibeträge der Kinder überschritten werden können. Bei größerem Vermögen sollten Sie sich deshalb unbedingt beraten lassen, bevor Sie ein Berliner Testament errichten. Bei kleinerem Vermögen ist das Berliner Testament unbedenklich.

Ein weiterer Nachteil des Berliner Testaments ist die Bindung des überlebenden Ehegatten an die Einsetzung der Schlusserben. Auf geänderte Lebensumstände kann er nicht mehr reagieren. Sinnvoll ist es deshalb, dem überlebenden Ehegatten erbrechtlich die Möglichkeit einzuräumen, durch sogenannte Änderungsvorbehalte auf die veränderten Verhältnisse zu reagieren (vgl. dazu unten).

Wenn der überlebende Ehegatte nach dem ersten Erbfall alleiniger Erbe ist, bedeutet das zwangsläufig, dass die Kinder von der gesetzlichen Erbfolge ausgeschlossen werden und Pflichtteilsansprüche geltend machen können. Dem kann mit sogenannten Pflichtteilsstrafklauseln begegnet werden (vgl. dazu unten).

Wenn der überlebende Ehegatte wieder heiratet, besteht für die im gemeinschaftlichen Testament eingesetzten Schlusserben (im Regelfall also die Kinder) die Gefahr, dass hierdurch Vermögen an den neuen Ehepartner abfließt und so der spätere Nachlass zulasten der Kinder geschmälert wird. Dem neuen Ehepartner steht gesetzlich ein Erb- und Pflichtteilsrecht zu. Soll das verhindert werden, ist es sinnvoll, in das Testament eine sogenannte Wiederverheiratungsklausel aufzunehmen (vgl. dazu unten).

Änderungsvorbehalte

Wie oben dargelegt, ist der überlebende Ehegatte durch wechselbezügliche Verfügungen gebunden. Er kann sich von dieser Bindung nur befreien, indem er die Erbschaft oder den ihm zugewendeten Erbteil ausschlägt. Allerdings können die Eheleute im Berliner Testament auch bestimmen, ob und in welchem Umfang der überlebende Ehegatte von wechselbezüglichen Verfügungen abweichen darf. Solche Änderungsvorbehalte können aber nur in einer Verfügung von Todes wegen enthalten sein. Sie können in dem gemeinschaftlichen Testament verfügt werden, in dem die Zuwendung erfolgt. Sie können aber auch nachträglich in einem späteren gemeinschaftlichen Testament festgelegt werden.

In welchem Umfang dem überlebende Ehegatten die Befugnis zustehen soll, wechselbezügliche Verfügungen im gemeinschaftlichen Testament zu ändern, bestimmen die Eheleute. Entsprechende Klauseln können sich u.a. darauf beziehen, dass der überlebende Ehegatte durch ein neues Testament

- nach freiem Ermessen über den Nachlass verfügen darf,
- nur unter bestimmten Bedingungen frei über den Nachlass verfügen darf,
- nur bei einem Fehlverhalten der Kinder frei über den Nachlass verfügen darf,
- nur über sein eigenes Vermögen (und nicht über das Vermögen des verstorbenen Ehegatten aus dem ersten Erbfall) frei verfügen darf,
- nur über bestimmte Gegenstände (z.B. eine Immobilie) frei verfügen darf,
- die Erbquoten der Kinder, nicht aber deren Erbeinsetzung ändern darf.

Muster: Änderungsvorbehalte

Wir, _____ [Vor- und Familiennamen des Ehegatten] und _____ [Vor- und Familiennamen des anderen Ehegatten], setzen uns gegenseitig zu alleinigen und unbeschränkten Erben ein. Unsere gemeinsamen Kinder _____ und _____ [Vor- und Familiennamen der Kinder einsetzen] sind zu einem Anteil von je 1/2 unsere gleichberechtigten Schlusserben. Dem Überlebenden von uns wird folgende Änderungsberechtigung eingeräumt:

Er ist ausdrücklich berechtigt, seine eigenen testamentarischen Verfügungen in diesem Testament ganz oder teilweise zu ändern.

[Oder]

Er darf die Verteilung des Vermögens auf unsere Kinder nach seinem Ermessen bestimmen. Das gilt sowohl für Verfügungen unter Lebenden als auch für letztwillige Verfügungen.

[Oder]

Er darf über _____ [Bezeichnung des Gegenstands, z.B. des Hausgrundstücks] durch letztwillige Verfügung frei verfügen.

[Oder]

Er darf andere Personen als Schlusserben bestimmen, jedoch nur innerhalb des Kreises der Verwandtschaft.

[Oder]

Er ist berechtigt, zulasten der Schlusserben Geldvermächtnisse in Höhe von bis zu _____ Euro für jedes Enkelkind anzuordnen.

[Oder]

Er darf Testamentsvollstreckung anordnen.

! Das Problem beim Berliner Testament ist, dass der überlebende Ehegatte durch die wechselbezügliche Einsetzung der Schlusserben auf veränderte Lebensumstände nicht reagieren kann. Diese einmal getroffene Verfügung ist für ihn verbindlich. So ist es ihm beispielsweise nicht möglich, von wechselbezüglichen Verfügungen abzuweichen, wenn er sich mit einem Kind überworfen hat, ein Kind besonders betreuungsbedürftig ist oder er honorieren will, dass ein Kind seine Pflege im Alter übernommen hat. Deshalb sollte dem überlebenden Ehegatten bei Zuwendungen an die Kinder nach dem Tod des längerlebenden Ehegatten immer ein gewisser Gestaltungsspielraum verbleiben. Ihm sollte die Möglichkeit eingeräumt werden, auf neue Lebensumstände reagieren zu können. Welche Veränderungen der überlebende Ehegatte vornehmen darf, müssen Sie mit Ihrem Ehegatten abstimmen und im gemeinschaftlichen Testament entsprechend formulieren.

Pflichtteilsstrafklauseln

Beim Berliner Testament setzen sich Ehegatten in der Regel gegenseitig als Alleinerben ein; nach dem Tod des Zuletztversterbenden sollen die gemeinsamen Kinder Schlusserben sein. Erst mit dem Tod des längerlebenden Ehegatten erben also die Kinder das gemeinschaftliche Vermögen aus dem ersten und zweiten Erbfall. Beim Tod des erstversterbenden Ehegatten sind die Kinder enterbt. Das könnte sie veranlassen, beim ersten Erbfall ihren Pflichtteilsanspruch gegen den überlebenden Ehegatten geltend zu machen. Dieser beträgt die Hälfte ihres gesetzlichen Erbteils. Dadurch könnte allerdings die wirtschaftliche Existenz des überlebenden Ehegatten gefährdet sein. Wenn beispielsweise eine Immobilie den wesentlichen Teil des Nachlasses darstellen würde, müsste der überlebende Ehegatte unter Umständen diese Immobilie verkaufen, um die Pflichtteilsansprüche erfüllen zu können.

Dieser für den überlebenden Ehegatten unangenehmen Situation können Sie begegnen, indem Sie in Ihr gemeinschaftliches Testament eine sogenannte Pflichtteilsstrafklausel aufnehmen. Damit können Sie zwar nicht verhindern, dass die Kinder gleichwohl ihren Pflichtteilsanspruch geltend machen, Sie können jedoch durch eine entsprechende Gestaltung versuchen, Ihre Kinder davon abzuhalten, ihren Anspruch geltend zu machen. Insgesamt zielt eine entsprechende Klausel in Ihrem gemeinschaftlichen Testament darauf ab, für Ihre Kinder die Geltendmachung ihres Pflichtteils wirtschaftlich weniger interessant zu machen.

Pflichtteilsstrafklauseln können Sie in verschiedenen Varianten gestalten: Sie können anordnen, dass ein Kind, das beim Tod des erstversterbenden Ehegatten seinen Pflichtteil geltend macht, auch beim zweiten Erbfall nur seinen Pflichtteil erhalten soll.

Muster: Pflichtteilsstrafklausel

Wir, _____ [Vor- und Familiennamen des Ehegatten] und _____ [Vor- und Familiennamen des anderen Ehegatten], setzen uns gegenseitig zu alleinigen und unbeschränkten Erben ein. Unsere gemeinsamen Kinder _____ und _____ [Vor- und Familiennamen der Kinder einsetzen] sind zu einem Anteil von je 1/2 unsere gleichberechtigten Schlusserben.

Falls eines unserer Kinder nach dem Tod des erstversterbenden Elternteils seinen Pflichtteil geltend macht, bekommt es auch beim Tod des zweiten Elternteils nur den Pflichtteil.

Achtung: Diese Klausel kann nicht verhindern, dass dem Kind sowohl beim Tod des erstversterbenden als auch beim Tod des längerlebenden Ehegatten der Pflichtteil zusteht. Deshalb ist es sinnvoll, den Wert des Nachlasses beim ersten Erbfall durch Geldvermächtnisse an die Kinder, die ihren Pflichtteil nicht geltend machen, zu verringern.

Muster: Pflichtteilsstrafklausel

Wir, _____ [Vor- und Familiennamen des Ehegatten] und _____ [Vor- und Familiennamen des anderen Ehegatten], setzen uns gegenseitig zu alleinigen und unbeschränkten Erben ein. Unsere gemeinsamen Kinder _____ und _____ [Vor- und Familiennamen der Kinder einsetzen] sind zu einem Anteil von je 1/2 unsere gleichberechtigten Schlusserben.

Falls eines unserer Kinder nach dem Tod des erstversterbenden Elternteils seinen Pflichtteil geltend macht, bekommt es auch beim Tod des zweiten Elternteils nur den Pflichtteil.

Außerdem erhalten die Kinder, die beim Tod des Erstversterbenden den Pflichtteil nicht gefordert haben, Geldvermächtnisse in Höhe des Werts ihres gesetzlichen Erbteils. Diese werden aus dem Vermögen des Erstversterbenden, aber erst beim Tod des Längerlebenden fällig.

Druck auf Ihre Kinder, ihren Pflichtteil beim Tod des erstversterbenden Ehegatten nicht geltend zu machen, können Sie auch dadurch ausüben, dass Sie in Ihr gemeinschaftliches Testament einen Änderungsvorbehalt (vgl. oben) aufnehmen. So kann im gemeinschaftlichen Testament dem überlebenden Ehegatten die Befugnis eingeräumt werden, beim zweiten Erbfall über den Nachlass frei zu verfügen oder die Erbteile unter den Kindern neu festzulegen, wenn beim ersten Erbfall von den Kindern der Pflichtteil geltend gemacht wird.

Muster: Änderungsvorbehalt

Wir, _____ [Vor- und Familiennamen des Ehegatten] und _____ [Vor- und Familiennamen des anderen Ehegatten], setzen uns gegenseitig zu alleinigen und unbeschränkten Erben ein. Unsere gemeinsamen Kinder _____ und _____ [Vor- und Familiennamen der Kinder einsetzen] sind zu einem Anteil von je 1/2 unsere gleichberechtigten Schlusserben. Der Überlebende von uns wird ausdrücklich berechtigt, die Erbeinsetzung ganz oder teilweise zu ändern.

! Pflichtteilsstrafklauseln sind entbehrlich, wenn Sie Ihre Kinder dazu bewegen können, beim Tod des erstversterbenden Ehegatten auf ihren Pflichtteil zu verzichten. In diesem Fall muss sich der längerlebende Ehegatte nicht mit Pflichtteilsansprüchen der Kinder beim ersten Erbfall auseinandersetzen.

Wiederverheiratungsklauseln

Heiratet Ihr als Vollerbe eingesetzter Ehegatte nach Ihrem Tod erneut und verstirbt er vor seinem zweiten Ehegatten, so geht Ihr an ihn vererbtes Vermögen ganz oder teilweise in eine fremde Familie, weil dem zweiten Ehegatten gesetzliche Erb- und Pflichtteilsrechte eingeräumt sind. Das gilt insbesondere auch, wenn aus der zweiten Ehe Kinder hervorgehen. Insgesamt müssen Ihre Kinder bei der Wiederverheiratung Ihres Partners mit finanziellen Einbußen rechnen.

Dem kann begegnet werden, indem eine sogenannte Wiederverheiratungsklausel in das gemeinschaftliche Testament aufgenommen wird. Ziel ist es, Ihren beim ersten Erbfall enterbten Kindern auf den Zeitpunkt der Wiederverheiratung des überlebenden Ehegatten eine angemessene Beteiligung am Nachlass zu sichern. Dabei bestehen mehrere Möglichkeiten. Von Bedeutung ist dabei, in welchem Umfang Sie Ihren Partner binden wollen.

! Sie haben die Möglichkeit, Ihren Kindern im Falle der Wiederverheiratung Ihres Partners durch ein Vermächtnis einen Anspruch auf einen bestimmten Geldbetrag oder einen Geldbetrag in Höhe ihres gesetzlichen Erbteils gegen Ihren überlebenden Ehegatten einzuräumen.

Muster: Wiederverheiratungsklausel

1. Wir, _____ [Vor- und Familiennamen des Ehegatten] und _____ [Vor- und Familiennamen des anderen Ehegatten], setzen uns gegenseitig zu alleinigen und unbeschränkten Erben ein. Erben des Längstlebenden sind unsere gemeinsamen Kinder _____ und _____ [Vor- und Familiennamen der Kinder einsetzen] zu gleichen Teilen.

2. Für den Fall, dass der überlebende Ehegatte wieder heiratet, vermacht er den Kindern einen Geldbetrag in Höhe ihres gesetzlichen Erbteils. Maßgebend für die Berechnung ist der Wert des reinen Nachlasses des Erstversterbenden zum Zeitpunkt des Erbfalls. Die Ansprüche der Kinder bestehen unabhängig voneinander. Das Vermächtnis ist innerhalb von _____ Monaten nach der Wiederverheiratung fällig. Das Vermächtnis entfällt, wenn das Kind beim ersten Erbfall seinen Pflichtteilsanspruch geltend gemacht hat.

! Neben der aufgezeigten Gestaltung gibt es noch die Möglichkeit der Anordnung der Vor- und Nacherbschaft im gemeinschaftlichen Testament. Wenn Sie in Ihr gemeinschaftliches Testament eine Wiederverheiratungsklausel aufnehmen wollen, sollten Sie sich von einem erbrechtlich versierten Anwalt beraten lassen.

3.1.5 Erbvertrag

Statt in einem Testament können Sie auch in Form eines Erbvertrags Verfügungen von Todes wegen vornehmen. Beim Erbvertrag handelt es sich im Gegensatz zum Testament, durch das Sie einseitig Verfügungen treffen, um einen echten Vertrag, durch den eine Bindung des Erblassers an seine Verfügungen erreicht werden soll. Während ein gemeinschaftliches Testament nur von Eheleuten und eingetragenen Lebenspartnern errichtet werden kann, kann ein Erbvertrag auch von anderen Personen (z.B. zwischen Eltern und Kindern oder zwischen nichtehelichen Lebenspartnern) geschlossen werden.

Bindung an vertragsmäßige Verfügungen

In einem Erbvertrag können alle Verfügungen getroffen werden, die auch in einem Testament möglich sind. Das Besondere an einem Erbvertrag ist jedoch, dass darin jeder Vertragspartner sogenannte vertragsmäßige Verfügungen von Todes wegen treffen kann, an die er erbrechtlich gebunden ist und die er grundsätzlich nicht mehr einseitig ändern kann. Insoweit wird der Erblasser in seiner Testierfreiheit beschränkt.

Vertragsmäßig und damit bindend können im Erbvertrag (wie im gemeinschaftlichen Testament) nur Erbeinsetzungen, Vermächtnisse oder Auflagen getroffen werden. Zwar können auch Verfügungen anderen Inhalts (z.B. Teilungsanordnungen oder Anordnung einer Testamentsvollstreckung) vorgenommen werden, an diese Verfügungen ist der Erblasser jedoch nicht vertragsmäßig gebunden. Sie haben die gleiche Wirkung wie testamentarische Verfügungen und können deshalb jederzeit einseitig widerrufen werden (§ 2299 BGB).

! Der Erbvertrag muss mindestens eine vertragsmäßige Verfügung enthalten. Andernfalls liegt kein Erbvertrag, sondern ein Testament vor. Im Erbvertrag ist darauf zu achten, dass deutlich zum Ausdruck kommt, welche Verfügungen vertragsmäßig und damit für den Erblasser bindend sind, und welche Verfügungen einseitig getroffen und damit einseitig widerrufbar sind.

Muster: Vertragsmäßige Verfügung

Unsere gegenseitige Einsetzung als Erben erfolgt wechselseitig vertragsmäßig bindend. Alle anderen Verfügungen sind einseitig getroffen; diese kann jeder von uns – auch nach dem Ableben des anderen Teils – nach seinem freien Ermessen aufheben und ändern.

Im Erbvertrag kann entweder nur ein Vertragspartner (Erblasser) oder es können beide Vertragspartner eine oder mehrere vertragsmäßige Verfügungen von Todes wegen treffen. Trifft nur ein Vertragsschließender Verfügungen (einseitiger Erbvertrag), nimmt der andere Vertragspartner diese Erklärung lediglich an, ohne dass er selbst über sein Vermögen erbrechtlich verfügt. Treffen beide Vertragspartner letztwillige Verfügungen (gemeinschaftlicher Erbvertrag), können sie sich entweder gegenseitig bedenken (z.B. Ehegatten untereinander) oder Verfügungen zugunsten dritter Personen (z.B. der Kinder) treffen.

Vertragsmäßige Verfügungen von Todes wegen (z.B. eine Erbeinsetzung) binden den Erblasser hinsichtlich späterer erbrechtlicher Anordnungen. Verfügungen von Todes wegen, die der durch den Erbvertrag vertraglich gebundene Erblasser nach Abschluss des Erbvertrags errichtet, sind unwirksam (§ 2286 Abs. 1 Satz 2 BGB).

» Die nichtehelichen Lebenspartner A und B haben sich in einem Erbvertrag vertragsmäßig gegenseitig zu Alleinerben eingesetzt. Ein Testament, in dem A danach eine andere Person als Erben einsetzt, wäre unwirksam.

! Nur unter den engen gesetzlichen Voraussetzungen können Sie sich als Erblasser von der erbrechtlichen Bindung Ihrer vertragsmäßigen Verfügungen im Erbvertrag wieder lösen.

Bei vertragsmäßigen Verfügungen im Erbvertrag sind Sie als Erblasser nur erbrechtlich gebunden. Sie sind also grundsätzlich frei, zu Lebzeiten über Ihr Vermögen zu verfügen (§ 2286 BGB). Allerdings wird der vertraglich eingesetzte Erbe vor Schenkungen geschützt, wenn der Erblasser diese in der Absicht vorgenommen hat, ihn zu beeinträchtigen (§ 2287 BGB). In diesem Fall kann der Erbe, nachdem die Erbschaft angefallen ist, die Herausgabe des Geschenks vom Beschenkten verlangen. Hat der Erblasser selbst ein Interesse an der Schenkung (sogenanntes lebzeitiges Eigeninteresse), liegt keine Beeinträchtigungsabsicht vor. Nur wenn der Erblasser Zuwendungen vornimmt, um den vertraglich eingesetzten Erben objektiv zu schaden, kann dieser später die Herausgabe des Geschenks verlangen.

» Hat der Erblasser die Schenkung an eine jüngere Frau im Hinblick auf eine spätere Betreuung und Pflege vorgenommen oder erfolgte die Schenkung als Belohnung für solche Dienste in angemessenem Umfang, liegt ein lebzeitiges Eigeninteresse vor. Dieses fehlt jedoch, wenn die Zuwendung nur deshalb erfolgte, weil der Erblasser festgestellt hat, dass er den Bedachten im Rahmen der Verfügung von Todes wegen zu gering bedacht hatte.

Geschützt wird auch, wer durch eine vertragsmäßige Verfügung eine Zuwendung durch ein Vermächtnis erhält. Wurde die Erfüllung eines Vermächtnisses (z.B. die Zuwendung eines Autos) vom Erblasser in der Absicht, den Vermächtnisnehmer zu beeinträchtigen, unmöglich gemacht, kann der Bedachte vom Erben Erfüllung oder Wertersatz verlangen (§ 2288 BGB). Gemeint sind Fälle, wenn der Vermächtnisgegenstand zerstört, beiseitegeschafft, beschädigt oder verkauft wurde.

Lockerung der Bindung durch Änderungs- und Rücktrittsvorbehalte

Wie oben dargelegt, sind vertragsmäßige Verfügungen im Erbvertrag grundsätzlich erbrechtlich verbindlich. Nur ausnahmsweise kann sich der Erblasser unter sehr engen gesetzlichen Voraussetzungen davon wieder lösen. Deshalb kann es unter Umständen für den Erblasser sinnvoll sein, sich im Erbvertrag ausdrücklich vorzubehalten, dass er vertragsmäßige Verfügungen einseitig ändern (Abänderungsvorbehalte) oder er einseitig ohne Zustimmung des Vertragspartners vom Vertrag zurücktreten darf (Rücktrittsvorbehalt).

Mit einem Abänderungsvorbehalt können Sie sich als Erblasser im Erbvertrag das Recht vorbehalten, später abweichende Verfügungen von Todes wegen zu treffen. Damit gewinnen Sie Ihre Testierfreiheit im Umfang des Vorbehalts wieder zurück. Aus dem Abänderungsvorbehalt muss sich eindeutig ergeben, in welchem Umfang der Erblasser noch nachträglich anderweitige Verfügungen vornehmen darf und welche Grenzen hierfür gelten. Unter Umständen kann im Erbvertrag sogar ein Änderungsvorbehalt für alle darin enthaltenen Anordnungen aufgenommen werden, sofern die Ausübung nur unter bestimmten, genau festgelegten Voraussetzungen möglich ist.

» Zulässig ist es, dass sich der Erblasser vorbehält, noch nachträglich Vermächtnisse oder eine Testamentsvollstreckung anzuordnen. Beim Erbvertrag unter Ehegatten mit gegenseitiger Erbeinsetzung und Bestimmung der Schlusserben (z.B. der Kinder) nach dem Tod des Längstlebenden kann dem überlebenden Ehegatten ein Änderungsrecht dahin gehend eingeräumt werden, dass er andere Schlusserben innerhalb eines bestimmten Personenkreises bestimmen kann.

Muster: Änderungsvorbehalt

Der Längerlebende von uns ist berechtigt, nach dem Tod des Erstversterbenden die Einsetzung unserer Kinder als Schlusserben aufzuheben oder zu ändern, jedoch nur zugunsten gemeinschaftlicher Abkömmlinge. Er darf auch einzelne Abkömmlinge enterben.

Die Vertragspartner können in den Erbvertrag auch von vornherein einen Vorbehalt aufnehmen, dass der Erblasser berechtigt sein soll, von seinen vertragsmäßig bindenden Verfügungen zurückzutreten (§ 2293 BGB). Das Rücktrittsrecht kann sich aber nur auf die Verfügungen beziehen, die mit vertraglich bindender Wirkung vereinbart sind. Denn alle anderen Verfügungen kann der Erblasser durch einseitiges Testament aufheben oder ändern.

Der Rücktrittsvorbehalt kann auf einzelne Verfügungen beschränkt werden (z.B. auf ein Vermächtnis), er kann sich jedoch auch auf den Erbvertrag insgesamt erstrecken. Die Ausübung des Rücktrittsrechts kann von bestimmten Gründen abhängig gemacht (z.B. Trennung bei einer nichtehelichen Lebensgemeinschaft) oder in das Belieben des Erblassers gestellt werden.

Muster: Rücktrittsvorbehalt

Wir, _____ [Vor- und Familiennamen des Ehegatten] und _____ [Vor- und Familiennamen des anderen Ehegatten], setzen uns gegenseitig zu alleinigen und unbeschränkten Erben ein. Jeder von uns behält sich den Rücktritt von diesem Erbvertrag vor. Der Rücktritt ist jederzeit möglich und von keinen besonderen Voraussetzungen abhängig. Mit dem Wirksamwerden des Rücktritts eines Vertragsteils werden auch die erbvertragsmäßigen Verfügungen des anderen Vertragsteils unwirksam.

Achtung: Die Erklärung des Rücktritts muss notariell beurkundet werden. Sie muss persönlich abgegeben werden. Die notarielle Urkunde mit dem Rücktritt muss dem anderen Vertragspartner in Urschrift oder als Ausfertigung zugehen.

Frühere letztwillige Verfügungen werden aufgehoben

Eine frühere von Ihnen errichtete letztwillige Verfügung wird durch den später abgeschlossenen Erbvertrag aufgehoben, soweit sie das Recht des vertragsmäßig Bedachten beeinträchtigen würde (§ 2289 Abs. 1 BGB).

» Sie haben in Ihrem Testament Ihre Tochter zur Alleinerbin eingesetzt. Im Erbvertrag setzen Sie jetzt Ihren Sohn aufgrund einer vertragsmäßigen Verfügung als Alleinerben ein. Ihr früheres Testament ist daher unwirksam. Wenn Sie Ihrer Tochter in einem Testament ein Vermächtnis zugewendet haben und Sie sie jetzt aufgrund einer vertragsmäßigen Verfügung als Alleinerbin einsetzen, schränkt das alte Testament die Verfügung des Erbvertrags allerdings nicht ein. Das alte Testament bleibt wirksam.

Wechselbezügliche Verfügungen in einem früheren gemeinschaftlichen Testament oder vertragsmäßige Verfügungen in einem früheren Erbvertrag können nicht aufgehoben werden.

» Die Eheleute A und B haben sich wechselbezüglich als Alleinerben eingesetzt. Eine vertragsmäßige Verfügung in einem späteren Erbvertrag, durch die A seine beiden Kinder als Alleinerben einsetzt, ist unwirksam.

Wann der Abschluss eines Erbvertrags sinnvoll ist

Einen Erbvertrag sollten Sie schließen, wenn Sie für die Zukunft auch für Ihre Erben oder andere Zuwendungsempfänger (z.B. bei einem Vermächtnis) bindende Verfügungen von Todes wegen treffen wollen. Nur dann kann sich der Erbe bzw. Zuwendungsempfänger seiner Erbschaft oder Zuwendung sicher sein. Einseitige Verfügungen von Todes wegen in Form eines Testaments können dagegen jederzeit widerrufen oder geändert werden. Bei vertragsmäßigen Anordnungen in einem Erbvertrag ist das jedoch nicht so einfach möglich.

! Der Erbvertrag ist vor allem für die nichteheliche Lebensgemeinschaft eine geeignete Form, gemeinsame erbrechtliche Verfügungen zu treffen. Paare einer nichtehelichen Lebensgemeinschaft können nämlich nicht durch ein gemeinschaftliches Testament testieren. Durch einen Erbvertrag können sich die Partner erbrechtlich bindend gegenseitig zu Erben einsetzen. Damit ist gewährleistet, dass keiner der Partner ohne Wissen des anderen seine Verfügung von Todes wegen ändern oder widerrufen kann.

Ob für Eheleute ein gemeinschaftliches Testament oder der Erbvertrag die bessere Wahl ist, hängt von verschiedenen Umständen ab:

- Beim gemeinschaftlichen Testament kann jeder Ehegatte seine letztwillige Verfügung stets einseitig widerrufen. Das hat zur Folge, dass auch die Verfügung des anderen Ehegatten unwirksam wird. Nur durch den Erbvertrag ist gewährleistet, dass sich kein Ehegatte einseitig von einer gemeinsamen Verfügung lösen kann.
- Sollen auch bindende Verfügungen für die Kinder des Erblassers getroffen werden, kommt nur der Erbvertrag infrage, weil die Kinder selbst Vertragspartner sein können. Das gemeinschaftliche Testament kann dagegen nur von Eheleuten errichtet werden.
- Beim Erbvertrag tritt der Schutz des anderen Ehegatten und der Schlusserben vor Schenkungen des Erblassers, die dieser in der Absicht vornimmt, die Erben zu beeinträchtigen, bereits mit dem Vertragsabschluss, beim gemeinschaftlichen Testament dagegen erst mit dem Tod des Erstversterbenden ein.

Voraussetzungen für den Abschluss eines Erbvertrags

Bei Abschluss eines Erbvertrags müssen Sie als Erblasser unbeschränkt geschäftsfähig sein (§ 2275 Abs. 1 BGB), weil Sie sich vertragsmäßig binden. Sie müssen also volljährig sein, also das 18. Lebensjahr vollendet haben. Andernfalls ist der Erbvertrag unwirksam.

Für Verheiratete und Verlobte enthält das Gesetz eine Ausnahme. Sie können einen Erbvertrag abschließen, wenn sie beschränkt geschäftsfähig sind. Sie bedürfen hierzu allerdings der Zustimmung des gesetzlichen Vertreters, im Regelfall der Eltern. Ist der gesetzliche Vertreter ein Vormund, ist zusätzlich die Genehmigung des Familiengerichts erforderlich (§ 2275 Abs. 2 BGB).

Achtung: Treffen in einem Erbvertrag beide Vertragspartner vertragsmäßige Verfügungen, dann müssen beide diese Voraussetzungen erfüllen. Trifft einer der Vertragsschließenden dagegen keine vertragsmäßigen Verfügungen, wird er also beispielsweise vom Erblasser nur als Erbe eingesetzt oder erhält er eine Geldzuwendung in Form eines Vermächtnisses und hat er dadurch nur rechtliche Vorteile, so reicht zur Wirksamkeit des Vertrags die beschränkte Geschäftsfähigkeit aus. Beschränkt geschäftsfähig ist, wer das 7. Lebensjahr vollendet hat.

Welche Form beachtet werden muss

Für den Abschluss des Erbvertrags ist die notarielle Beurkundung gesetzlich vorgeschrieben. Der Abschluss ist nur bei gleichzeitiger Anwesenheit beider Vertragsteile möglich (§ 2276 Abs. 1 Satz 1 BGB). Der Erblasser, also die Person, die vertragsmäßige Verfügungen von Todes wegen trifft, kann den Erbvertrag nur persönlich schließen (§ 2274 BGB). Stellvertretung ist also ausgeschlossen. Dagegen kann sich der Vertragspartner, der keine Verfügungen von Todes wegen trifft, sondern nur Verfügungen des Erblassers mit bindender Wirkung entgegennimmt (einseitiger Erbvertrag; vgl. oben), vertreten lassen.

Der Vertragsschluss bedarf der gleichen Formen wie die Errichtung eines notariellen Testaments. Der Erbvertrag muss also zur Niederschrift eines Notars entweder durch mündliche Erklärung oder durch Übergabe einer offenen oder verschlossenen Schrift errichtet werden.

Achtung: Beim Abschluss eines Erbvertrags entstehen Notarkosten. Die Kosten richten sich nach dem Wert des Nachlasses. Für die Beurkundung sind nach dem Gerichts- und Notarkostengesetz zwei volle Gebühren zu entrichten. Bei einem Nachlasswert von zum Beispiel 30.000,– € beläuft sich die Gebühr auf 250,– €, von 80.000,– € auf 438,– €, von 260.000,– € auf 1.070,– € und von 500.000,– € auf 1.870,– €, jeweils zuzüglich Mehrwertsteuer. Die Kosten können vorab beim Notariat erfragt werden.

Wo der Erbvertrag aufbewahrt wird

Nach Abschluss des Erbvertrags nimmt der Notar diesen in amtliche Verwahrung. Die Vertragspartner können die amtliche Verwahrung allerdings ausschließen. Ein solcher Ausschluss ist im Zweifel anzunehmen, wenn der Erbvertrag mit einem anderen Vertrag (z.B. beim Ehe- und Erbvertrag) verbunden wird. Haben die Beteiligten die amtliche Verwahrung ausgeschlossen, so bleibt die Urkunde in der Verwahrung des Notars.

Achtung: Die amtliche Verwahrung des Erbvertrags kostet einmalig und pauschal 75,– €.

3.2 Wie Sie durch Ihre Verfügung von Todes wegen die Erbfolge ändern können

Wenn Sie kein Testament errichten, kommt es zur gesetzlichen Erbfolge. In diesem Fall bestimmt das Gesetz, wer Ihre Erben sein werden. Sie haben allerdings das Recht, durch eine Verfügung von Todes wegen von der gesetzlichen Erbfolge abzuweichen. So können Sie insbesondere selbst Ihre Erben auswählen. Sie können auch eine sogenannte Vor- und Nacherbschaft anordnen. Und Sie können auch Ihre gesetzlichen Erben einfach enterben. Bei der Enterbung Ihres Ehegatten und Ihrer nahen Verwandten müssen Sie allerdings berücksichtigen, dass diesen ein Mindestanteil an Ihrem Vermögen, der sogenannte Pflichtteil, zusteht.

3.2.1 Sie können Ihre Erben selbst bestimmen

Sie können durch ein Testament oder einen Erbvertrag bestimmen, wer Ihre Erben werden (§§ 1937, 1941 BGB). Diese Entscheidung steht in Ihrem Belieben: Sie können Ihre gesetzlichen Erben oder andere Personen auswählen. Nur eine wechselbezügliche Verfügung in einem gemeinschaftlichen Testament oder eine vertragsmäßige Verfügung in einem Erbvertrag beschränken Ihre Entscheidungsfreiheit. Sie können auch andere Personen als Ihren Ehegatten oder Ihre Kinder als Erben einsetzen; diese können dann aber ihren Pflichtteil von den von Ihnen eingesetzten Erben verlangen. Ihre Entscheidung müssen Sie nicht begründen.

Sie können einen oder mehrere Erben einsetzen

Sie können nur eine Person oder mehrere Personen (Miterben) als Erben einsetzen. Voraussetzung ist, dass der von Ihnen eingesetzte Erbe die Erbfähigkeit besitzt.

Muster: Einsetzung eines Alleinerben

Wir, _____ [Vor- und Familiennamen einsetzen] und _____ [Vor- und Familiennamen einsetzen], setzen uns gegenseitig zu alleinigen Erben ein.

[Oder]

Ich setze mein Enkelkind _____ [Vor- und Familiennamen einsetzen] als Alleinerben ein.

Wenn Sie mehrere Personen als Erben einsetzen, müssen Sie beachten, dass sich die Erbeinsetzung auf einen Bruchteil (z.B. die Hälfte oder ein Viertel) bezieht. Auf den Miterben geht nur der ihm zugewendete Bruchteil des Vermögens über. Die Miterben bilden dann eine Erbengemeinschaft. Wenn Sie mehrere Erben einsetzen, ohne dass Sie deren Erbteile bestimmen, so erben die Miterben grundsätzlich zu gleichen Teilen (§ 2091 BGB).

Muster: Einsetzung mehrerer Erben

Zu meinen Erben setzte ich meine Frau zur Hälfte, mein Kind _____ [Vor- und Familiennamen einsetzen] und meine Schwester _____ [Vor- und Familiennamen einsetzen] jeweils zu einem Viertel ein.

[Oder]

Ich bestimme meine Kinder _____, _____ und _____ [jeweils Vor- und Familiennamen einsetzen] zu meinen Erben.

Achtung: Sie können keine Erbeinsetzung vornehmen, indem Sie Ihren »Erben« einzelne Gegenstände zuwenden. Sie müssen einen Erben bestimmen, der Ihre Gesamtrechtsnachfolge antritt, der also auch zum Beispiel für Ihre Verbindlichkeiten haftet. Die gegenständliche Erbeinsetzung ist nicht zulässig. Haben Sie in Ihrem Testament nur einzelne Gegenstände zugewendet, so handelt es sich dabei um Vermächtnisse, nicht aber um eine Erbeinsetzung. In diesem Fall gilt für den Rest Ihres Vermögens die gesetzliche Erbfolge.

Bei eigenhändigen Testamenten besteht häufig ein Problem, wenn Erblasser die Erbschaft hinsichtlich bestimmter Gegenstände anordnen. In diesem Fall besteht häufig das Problem festzustellen, ob die bedachte Person als Erbe oder als Vermächtnisnehmer anzusehen ist. Für diese ungenaue Erbeinsetzung enthält § 2087 BGB Auslegungsregeln:

- Wenn der Erblasser sein ganzes Vermögen oder einen Bruchteil (z.B. die Hälfte oder ein Viertel) und nicht einzelne Gegenstände zuwendet, so ist der Bedachte grundsätzlich als Erbe anzusehen, selbst wenn er nicht als solcher bezeichnet ist.
- Wendet der Erblasser nur einzelne Gegenstände zu (z.B. eine Immobilie, ein Auto, eine Briefmarkensammlung), so ist der Bedachte als Vermächtnisnehmer anzusehen. In diesem Fall ist der Bedachte nicht als Erbe eingesetzt. Er hat nur einen Anspruch auf Herausgabe des zugewendeten Nachlassgegenstands gegen den Beschwerten, in der Regel gegen die Erben.

! Achten Sie darauf, dass Sie in Ihrem eigenhändigen Testament klar und eindeutig zum Ausdruck bringen, wer Ihr Erbe oder Ihre Erben sein sollen. Diese treten dann in Ihre Fußstapfen und der gesamte Nachlass geht im Wege der Gesamtrechtsnachfolge auf diese über.

Sie können Ihre Erben unter einer Bedingung bestimmen

Sie können die Erbeinsetzung auch unter einer Bedingung vornehmen und so auf ein Verhalten des Bedachten einwirken. Dabei kann die Zuwendung durch eine aufschiebende oder eine auflösende Bedingung erfolgen.

- Bei der aufschiebenden Bedingung erbt der eingesetzte Erbe erst dann, wenn die jeweilige Bedingung eingetreten bzw. erfüllt wurde (z.B. dass der eingesetzte Erbe ein bestimmtes Alter erreicht hat, er verheiratet ist oder er ein bestimmtes Studium erfolgreich absolviert hat). Dadurch kann sich der Anfall der Erbschaft verzögern, wenn die Bedingung zum Zeitpunkt des Erbfalls noch nicht eingetreten ist. In diesem Fall wird die betreffende Person erst Erbe, sobald die Bedingung erfüllt ist, also wenn sie zum Beispiel das bestimmte Alter erreicht hat oder verheiratet ist. Wurde die Bedingung bereits vor dem Erbfall erfüllt (hat also z.B. der eingesetzte Erbe vor dem Tod des Erblassers das Studium erfolgreich abgeschlossen), hat die aufschiebende Bedingung keine verzögernde Wirkung. Die betreffende Person wird in diesem Fall bei Eintritt des Erbfalls sofort Erbe.

- Durch eine auflösende Bedingung kann der Erblasser auf das Verhalten des betreffenden Erben Einfluss nehmen, obwohl er selbst bereits verstorben ist. In diesem Fall wird betreffende Person beim Eintritt des Erbfalls zwar sofort Erbe; um die Erbschaft behalten zu dürfen, muss sie aber die festgelegte Bedingung erfüllen (z.B. nicht wieder heiraten). Verstößt der Erbe gegen diese Bedingung, muss er die Erbschaft wieder herausgeben.

Muster: Erbeinsetzung unter einer Bedingung

Ich bestimme zu meinem alleinigen Erben meinen Sohn _____ [Vor- und Familiennamen einsetzen]. Diese Erbeinsetzung steht unter der Bedingung, dass er zum Zeitpunkt des Erbfalls mindestens einen leiblichen Abkömmling hat. Sollte er zum Zeitpunkt des Erbfalls keinen leiblichen Abkömmling haben, soll die gesetzliche Erbfolge gelten.

Sie können Ersatzerben bestimmen

Wenn Sie die Erben in Ihrer Verfügung von Todes wegen eingesetzt haben, sollten Sie auch bedenken, was geschieht, wenn diese aus welchen Gründen auch immer wegfallen. Stirbt beispielsweise der eingesetzte Erbe vor Ihnen oder schlägt er nach Eintritt des Erbfalls die Erbschaft aus, wird die Erbeinsetzung unwirksam und es tritt gesetzliche Erbfolge ein. Haben Sie mehrere Personen als Erben eingesetzt und fällt einer der Erben vor oder nach Eintritt des Erbfalls weg, so steht dessen Erbteil den übrigen Erben nach dem Verhältnis ihrer Erbteile zu (sogenannte Anwachsung, § 2094 BGB).

» Sie haben A zur Hälfte, B zu einem Drittel und C zu einem Sechstel als Erben eingesetzt. Fällt B weg, wächst sein Anteil zu drei Viertel dem A und zu einem Viertel dem C zu. A erhält also insgesamt drei Viertel, C ein Viertel des Nachlasses.

! Den Eintritt der gesetzlichen Erbfolge oder der Anwachsung können Sie verhindern, indem Sie einen Ersatzerben bestimmen. Die Einsetzung des Ersatzerben kann aber auch dann greifen, wenn Ihre Erbeinsetzung nichtig ist oder Sie diese widerrufen haben.

Muster: Einsetzung eines Ersatzerben

Zu meinem alleinigen Erben bestimme ich meine Tochter _____ [Vor- und Familiennamen des Erben einsetzen], ersatzweise meinen Sohn _____ [Vor- und Familiennamen des Ersatzerben einsetzen].

[Oder]

Hiermit setze ich meine beiden Kinder _____ und _____ [jeweils Vor- und Familiennamen der Erben einsetzen] zu meinen Erben je zur Hälfte ein. Als Ersatzerben bestimme ich für beide Erben meinen Bruder _____ [Vor- und Familiennamen des Ersatzerben einsetzen].

Sie können auch mehrere Ersatzerben nacheinander oder nebeneinander bestimmen.

Muster: Einsetzung von mehreren Ersatzerben

Zu meinem alleinigen Erben bestimme ich meine Tochter _____ [Vor- und Familiennamen des Erben einsetzen], ersatzweise meine beiden anderen Kinder _____ und _____ [Vor- und Familiennamen der Ersatzerben einsetzen].

[Oder]

Zu meinem alleinigen Erben bestimme ich meine Tochter _____ [Vor- und Familiennamen des Erben einsetzen], ersatzweise meinen Sohn _____ [Vor- und Familiennamen des Ersatzerben einsetzen], wiederum ersatzweise meine Schwester _____ [Vor- und Familiennamen des zweiten Ersatzerben einsetzen]. Meine Schwester wird nur dann Erbin, wenn sowohl _____ [Vor- und Familiennamen des Erben einsetzen] als auch _____ [Vor- und Familiennamen des ersten Ersatzerben einsetzen] wegfallen.

Der Ersatzerbe wird nur Erbe, wenn der zunächst berufene Erbe vor oder nach dem Erbfall wegfällt (§ 2096 BGB). Vor dem Erbfall und vor dem Wegfall des zunächst eingesetzten Erben hat der Ersatzerbe keine Rechte. Erst nach dem Erbfall und nach dem Wegfall des eingesetzten Erben (z.B. durch Tod oder Ausschlagung der Erbschaft) wird der Ersatzerbe Rechtsnachfolger des Erblassers. Er wird dann Erbe des Nachlasses mit allen Rechten und Pflichten.

Checkliste Erbeinsetzung

Ist Ihnen bewusst, dass die von Ihnen eingesetzten Erben sowohl in Ihre Rechte als auch in Ihre Pflichten eintreten?	[ ]
Wenn wollen Sie als Erben einsetzen?	[ ]
Ist der von Ihnen eingesetzte Erbe volljährig?	[ ]
Wollen Sie einen einzelnen Erben oder mehrere Erben einsetzen?	[ ]
Ist Ihnen bekannt, dass mehrere von Ihnen eingesetzte Erben eine Erbengemeinschaft bilden?	[ ]
Sollen mehrere Erben das Vermögen insgesamt oder jeweils getrennt nach einzelnen Nachlassgegenständen erhalten?	[ ]
Soll, soweit mehrere Erben jeweils einzelne Vermögensgegenstände vermacht werden, ein wertmäßiger Ausgleich unter den Miterben erfolgen?	[ ]
Sollen Regelungen zu einer Ausgleichspflicht unter erbenden Abkömmlingen für Zuwendungen, die Ihren Lebzeiten gemacht wurden, getroffen werden?	[ ]

Wollen Sie die Erbeinsetzung unter einer Bedingung vornehmen?	[]
Wollen Sie für den Fall, dass der von Ihnen eingesetzte Erbe vor Ihnen stirbt oder er die Erbschaft ausschlägt, einen Ersatzerben bestimmen?	[]
Wollen Sie die Anordnung einer Ersatzerbschaft auf bestimmte Wegfallgründe beschränken (z.B. auf die Ausschlagung der Erbschaft)?	[]

3.2.2 Sie können Vor- und Nacherben bestimmen

Sie können durch ein Testament oder einen Erbvertrag einen Erben auch in der Weise einsetzen, dass dieser erst Erbe wird, nachdem ein anderer Erbe geworden ist (§ 2100 BGB). Mit dem Erbfall fällt dann die Erbschaft erst an den sogenannten Vorerben. Und erst bei einem von Ihnen zu bestimmenden Ereignis (z.B. Tod des Vorerben) geht der Nachlass auf den Nacherben über.

! Mit der Anordnung der Vor- und Nacherbfolge können Sie erreichen, dass die Substanz des Nachlasses für den von Ihnen eingesetzten Nacherben erhalten bleibt. Sie haben also die Möglichkeit, über einen längeren Zeitraum hinaus (sogar über Generationen) das Schicksal Ihres Vermögens zu bestimmen.

» Sie setzen Ihren Ehegatten als Vorerben ein. Für den Fall, dass dieser wieder heiratet, geht der Nachlass auf Ihre Kinder über.

Sie müssen die Vor- und Nacherbfolge in Ihrer Verfügung von Todes wegen anordnen

Die Vor- und Nacherbfolge können Sie nur in einem Testament oder einem Erbvertrag anordnen. Darin müssen Sie insbesondere bestimmen

- den Vorerben,
- den Nacherben und
- den Nacherbfall.

Sie müssen in Ihrer Verfügung von Todes wegen den Vorerben bestimmen. Er ist Erbe bis zum Eintritt des Nacherbfalls. Er ist allerdings in der Verfügungsmöglichkeit über Nachlassgegenstände eingeschränkt (vgl. dazu unten).

Sie müssen festlegen, wer nach dem Vorerben die Erbschaft erhalten soll. Sie dürfen es nicht dem Vorerben überlassen, den Nacherben zu bestimmen. Der Nacherbe wird mit dem Eintritt des Nacherbfalls endgültiger Erbe des Nachlasses. Er kann frei über den Nachlass verfügen. Grundsätzlich kann Nacherbe nur sein, wer auch Erbe sein kann. Im Gegensatz zur Erbeinsetzung kann Nacherbe aber auch eine Person sein, die zum Zeitpunkt des Erbfalls noch nicht gezeugt ist (§ 2101 Abs. 1 BGB); die als Nacherbe eingesetzte Person muss lediglich zum Zeitpunkt des Nacherbfalls gezeugt sein.

Sie müssen bestimmen, wann der Nacherbfall eintreten soll. Sie können ein bestimmtes Datum wählen oder den Nacherbfall mit einem konkreten Ereignis in der Person des Vorerben oder des Nacherben verknüpfen. Treffen Sie keine Anordnung, tritt der Nacherbfall mit dem Tod des Vorerben ein (§ 2106 Abs. 1 BGB).

Achtung: Nach Ablauf von 30 Jahren nach dem Erbfall wird die Anordnung der Nacherbschaft unwirksam, wenn der Nacherbfall nicht eingetreten ist. Diese Frist gilt nicht, wenn in der Person des Vor- oder Nacherben ein bestimmtes Ereignis eintreten soll und der Vor- bzw. Nacherbe bei Eintritt des Erbfalls lebt. Dazu gehören beispielsweise die Fälle, bei denen die Nacherbfolge für den Fall eingeordnet wird, dass der Vorerbe stirbt, sich wieder verheiratet oder ein bestimmtes Alter oder der Nacherbe ein bestimmtes Berufsziel erreicht.

Muster: Vor- und Nacherbschaft

Ich setze zu meinem Vorerben meine Lebenspartnerin ____ [Vor- und Familiennamen des Vorerben einsetzen] ein. Nacherbe nach ihrem Tod soll mein Bruder ____ [Vor- und Familiennamen des Nacherben einsetzen] werden.

[Oder]

Ich setze zu meinem Vorerben meinen Ehemann ____ [Vor- und Familiennamen des Vorerben einsetzen] ein. Nacherbe soll mein Sohn ____ [Vor- und Familiennamen des Nacherben einsetzen] werden, wenn er das 25. Lebensjahr vollendet hat.

[Oder]

Ich setze meinen Ehemann ____ [Vor- und Familiennamen des Vorerben einsetzen] als Vorerbe ein. Wenn er wieder heiratet, soll mein Sohn ____ [Vor- und Familiennamen des Nacherben einsetzen] Nacherbe werden.

[Oder]

Ich setze zu meinem Vorerben meinen Ehemann ____ [Vor- und Familiennamen des Vorerben einsetzen] ein. Am _____ [Datum einsetzen] soll unsere gemeinsame Tochter _____ [Vor- und Familiennamen des Nacherben einsetzen] Nacherbin werden.

[Oder]

Ich setze zu meinem Vorerben meinen Ehemann ____ [Vor- und Familiennamen des Vorerben einsetzen] ein. Nacherbe soll mein Sohn ____ [Vor- und Familiennamen des Nacherben einsetzen] werden, wenn er seine Ausbildung zum _____ [konkrete Bezeichnung der vom Nacherben zu absolvierende Ausbildung] abgeschlossen hat.

Welche Rechte und Pflichten der Vorerbe hat

Mit dem Eintritt des Erbfalls wird der Vorerbe Erbe des Nachlasses. Damit verfügt er über zwei Vermögensmassen: sein eigenes Vermögen und den Nachlass, über den er als Vorerbe verfügen darf.

Achtung: Nur über sein eigenes Vermögen kann der Vorerbe durch ein Testament oder einen Erbvertrag verfügen, nicht aber über den Nachlass.

Der von Ihnen eingesetzte Vorerbe muss den Nachlass ordnungsgemäß verwalten. Er hat das Recht, den Nachlass zu nutzen (ihm stehen also z.B. die Miet- und Zinserträge zu), gleichzeitig hat er aber auch die Pflicht, die gewöhnlichen Erhaltungskosten (z.B. Versicherungen, Grundsteuer) zu tragen. Außerordentliche Lasten (z.B. Erneuerung der Fassade eines Hauses) darf er aus der Erbschaft bestreiten. Was der Vorerbe mit seiner Erbschaft konkret machen darf, hängt von seiner Rechtsstellung ab.

- Haben Sie als Erblasser keine besonderen Anordnungen getroffen, dann ist der Vorerbe durch besondere gesetzliche Regelungen in seiner Verfügungsbefugnis über den Nachlass beschränkt. Man spricht dann vom sogenannten nicht befreiten Vorerben.
- Sie können allerdings den Vorerben auch von den gesetzlichen Einschränkungen ganz oder teilweise befreien. Dann handelt es sich um einen sogenannten befreiten Vorerben.

Ein von Ihnen eingesetzter nicht befreiter Vorerbe kann zwar als Eigentümer aller Nachlassgegenstände und Gläubiger aller Forderungen über den Nachlass verfügen, damit aber den Nacherben der Wert und die Substanz des Nachlasses erhalten bleiben, ist der Vorerbe in seiner Verfügungsmacht beschränkt (§ 2112 BGB). Das bedeutet im Einzelnen:

- Er darf keine Schenkungen aus dem Nachlass vornehmen.
- Er darf über Grundstücke und grundstücksgleiche Rechte (z.B. Grundschulden) nicht verfügen.

- Er muss auf Verlangen des Nacherben bestimmte Wertpapiere hinterlegen.
- Er muss Geld mündelsicher anlegen.

Der nicht befreite Vorerbe ist also erheblichen Beschränkungen unterworfen. Setzen Sie zum Beispiel Ihren Ehegatten als Vorerben und Ihre Kinder als Nacherben ein, kann Ihr Ehegatte unabhängig von einer etwaigen finanziellen Notlage (z.B. wenn er in einem Pflegeheim untergebracht werden muss) nicht frei über den Nachlass verfügen. Ohne Zustimmung der Nacherben dürfen beispielsweise keine Grundstücksveräußerungen vorgenommen werden.

! Wollen Sie, dass Ihr Vorerbe über bestimmte Nachlassgegenstände (z.B. eine Immobilie) frei verfügen darf, sollten Sie ihn als befreiten Vorerben einsetzen oder ihm als nicht befreiten Vorerben ein Vorausvermächtnis zuwenden.

Muster: Einsetzung eines nicht befreiten Vorerben mit Vorausvermächtnis

Ich setze meine Ehefrau ____ [Vor- und Familiennamen des Vorerben einsetzen] als Vorerbe ein. Nacherben sollen unsere gemeinsamen Kinder _____ [Vor- und Familiennamen der Nacherben einsetzen] sein.

Als Vorausvermächtnis ohne Anrechnung auf ihren Erbteil vermache ich meiner Ehefrau _____ [Bezeichnung des Vermächtnisgegenstands, z.B. Immobilie, Wertpapiere].

Sie können den von Ihnen eingesetzten Vorerben von einigen gesetzlichen Verpflichtungen und Beschränkungen befreien (§ 2136 BGB) und ihm damit eine größere Handlungs- und Verfügungsfreiheit beim Nachlass einräumen. Ob und inwieweit Sie davon Gebrauch machen, steht in Ihrem Belieben. Die Befreiung muss in Ihrem Testament oder im Erbvertrag enthalten sein. Sie kann sich auf einzelne Beschränkungen oder auf alle gesetzlich zulässigen Beschränkungen erstrecken.

Muster: Einsetzung eines befreiten Vorerben

Ich setze meine Ehefrau ____ [Vor- und Familiennamen des Vorerben einsetzen] als Vorerbe ein. Nacherben sollen unsere gemeinsamen Kinder _____ [Vor- und Familiennamen der Nacherben einsetzen] sein.

Der Vorerbe ist von allen gesetzlichen Beschränkungen und Verpflichtungen, soweit gemäß § 2136 BGB zulässig, befreit.

[Oder]

Ich setze meine Ehefrau ____ [Vor- und Familiennamen des Vorerben einsetzen] als Vorerbe ein. Nacherben sollen unsere gemeinsamen Kinder _____ [Vor- und Familiennamen der Nacherben einsetzen] sein.

Der Vorerbe darf das im Nachlass befindliche Hausgrundstück _____ [konkrete Beschreibung der entsprechenden Immobilie] jederzeit verkaufen. Von der gesetzlichen Verfügungsbeschränkung wird er ausdrücklich befreit.

Sie können den von Ihnen eingesetzten Vorerben insbesondere befreien von

- der Verfügungsbeschränkung über Grundstücke und Rechten an solchen und
- der Hinterlegung von Wertpapieren und der Anlage von Geld.

Achtung: Auch der nicht befreite Vorerbe darf Grundstücke und Rechte an solchen nicht verschenken.

Welche Rechte und Pflichten der Nacherbe hat

Der Nacherbe wird mit dem Nacherbfall Erbe. Vorher stehen ihm nur wenige Rechte zu.

- Der Nacherbe kann vom Vorerben ein Verzeichnis der zur Erbschaft gehörenden Gegenstände verlangen (§ 2121 BGB).
- Von der Zustimmung des Nacherben hängt es ab, ob Grundstücksveräußerungen oder Schenkungen des nicht befreiten Vorerben wirksam sind (§ 2113 BGB).
- Der Nacherbe kann vom Vorerben Auskunft über den Bestand der Erbschaft verlangen, wenn Grund zu der Annahme besteht, dass der Vorerbe durch seine Verwaltung die Rechte des Nacherben erheblich verletzt (§ 2127 BGB).

Mit dem Eintritt des Nacherbfalls wird der Nacherbe gesetzlicher Erbe des Erblassers (§ 2139 BGB). Der Vorerbe verliert seine Erbenstellung und der Nachlass fällt an den Nacherben. Der Nacherbe erwirbt automatisch das Eigentum an allen Nachlassgegenständen. Er kann vom Vorerben die Herausgabe der Erbschaft in dem Zustand verlangen, der sich bei einer ordnungsgemäßen Verwaltung ergibt (§ 2130 BGB).

Wann die Vor- und Nacherbfolge sinnvoll sein kann

Die Anordnung einer Vor- und Nacherbschaft führt in der Praxis häufig wegen der unterschiedlichen Interessenlage des Vor- und Nacherben zu erheblichen Problemen. Eine entsprechende erbrechtliche Verfügung erfüllt häufig nicht den vom Erblasser gewollten Zweck. Deshalb sollten Sie entsprechende Verfügungen gut überdenken und sich gegebenenfalls fachlich beraten lassen. Gleichwohl kann die Vor- und Nacherbfolge bei besonders gelagerten Erbfällen durchaus sinnvoll sein.

Vor- und Nacherbfolge bei Ehegatten

Wenn Eheleute durch eine Verfügung von Todes wegen den überlebenden Ehegatten nach dem ersten Erbfall versorgt wissen wollen, kommt die Vor- und Nacherbfolge nicht in Betracht. Nur wenn der überlebende Ehegatte von den Erträgen des Nachlasses (z.B. Zinserträgen, Mieteinnahmen) oder von seinem sonstigen Einkommen und Vermögen leben kann, kann über die Anordnung der Vor- und Nacherbfolge nachgedacht werden. Aber auch in diesem Fall muss der Umstand berücksichtigt werden, dass der überlebende Ehegatte auf die Substanz des Nachlasses zurückgreifen muss; deshalb sollte er in jedem Fall als befreiter Vorerbe eingesetzt werden.

Wenn Ehegatten sich in einem gemeinschaftlichen Testament gegenseitig als Vorerben und dritte Personen, in der Regel ihre Kinder, als Nacherben einsetzen, führt dies beim ersten Erbfall zu zwei verschiedenen Vermögensmassen. Der überlebende Ehegatte verfügt dann über den Nachlass, über den er nicht bzw. nur eingeschränkt verfügen darf, und über sein eigenes Vermögen, über das er frei verfügen kann. Die Schlusserben (Kinder) erben dann zwei Vermögensmassen: den Nachlass des Erstverstorbenen als dessen Nacherbe und den des längerlebenden Ehegatten.

Muster: Gemeinschaftliches Testament mit Vor- und Nacherbschaft

Wir, _____ [Vor- und Familiennamen des Ehegatten] und _____ [Vor- und Familiennamen des anderen Ehegatten], setzen uns gegenseitig zu alleinigen Vorerben ein. Nacherben des Erstversterbenden sollen unsere gemeinsamen Kinder _____ und _____ [Vor- und Familiennamen der Kinder einsetzen] zu gleichen Teilen sein. Die Vorerben sind von allen gesetzlichen Beschränkungen und Verpflichtungen, soweit gemäß § 2136 BGB zulässig, befreit.

Der Überlebende von uns setzt unsere gemeinsamen Kinder zu gleichen Teilen zu seinen Erben ein. Er ist berechtigt, diese Erbeinsetzung jederzeit, auch nach dem Tod des Erstversterbenden, einseitig zu ändern.

Als Gestaltungsmodell kann die Vor- und Nacherbschaft auch dann sinnvoll sein, wenn Sie als Erblasser Ihren Ehegatten aus zweiter Ehe versorgen und Ihre Kinder aus erster Ehe als Nacherben einsetzen wollen. In diesem Fall setzen Sie Ihren Ehegatten als Vorerben und Ihre Kinder als Nacherbe nebst Pflichtteilsverzicht des Ehegatten ein. Das Vermögen fällt dann Ihren leiblichen Abkömmlingen zu, während dem überlebenden Ehegatten zuvor die Nutzungen zustehen.

Wiederverheiratungsklauseln

Heiratet Ihr als Vollerbe eingesetzter Ehegatte nach Ihrem Tod erneut und verstirbt er vor seinem zweiten Ehegatten, so geht Ihr an ihn vererbtes Vermögen ganz oder teilweise in eine fremde Familie, weil dem zweiten Ehegatten gesetzliche Erb- und Pflichtteilsrechte eingeräumt sind. Das gilt insbesondere auch, wenn aus der zweiten Ehe Kinder hervorgehen. Insgesamt müssen Ihre Kinder bei der Wiederverheiratung Ihres Partners mit finanziellen Einbußen rechnen. Dem kann mit sogenannten Wiederverheiratungsklauseln begegnet werden. Sie verfolgen das Ziel, Ihren Abkömmlingen auf den Zeitpunkt der Wiederverheiratung Ihres Ehegatten eine angemessene Beteiligung am Nachlass zu gewährleisten. Das können Sie mit einem aufschiebend bedingten Vermächtnis erreichen, Sie können sich aber auch der Vor- und Nacherbschaft bedienen.

Ehegatten können sich von vornherein zum Vorerben, ihre Kinder als Nacherben einsetzen und bestimmen, dass der Nacherbfall bei Wiederverheiratung oder Tod des Vorerben eintritt.

Muster: Wiederverheiratungsklausel

Wir, _____ [Vor- und Familiennamen des Ehegatten] und _____ [Vor- und Familiennamen des anderen Ehegatten], setzen uns gegenseitig zu alleinigen Vorerben ein. Nacherben des Erstversterbenden sollen unsere gemeinsamen Kinder _____ und _____ [Vor- und Familiennamen der Kinder einsetzen] zu gleichen Teilen sein. Die Vorerben sind von allen gesetzlichen Beschränkungen und Verpflichtungen, soweit gemäß § 2136 BGB zulässig, befreit. Der Nacherbfall tritt bei Wiederverheiratung oder Tod des Vorerben ein.

Sie können auch mit Ihrem Ehegatten festlegen, dass der überlebende Ehegatte als Vollerbe eingesetzt wird, solange er nicht wieder heiratet. Bei Wiederheirat wird er nur als Vorerbe eingesetzt, die gemeinsamen Kinder sind die Nacherben.

Muster: Wiederverheiratungsklausel

Wir, _____ [Vor- und Familiennamen des Ehegatten] und _____ [Vor- und Familiennamen des anderen Ehegatten], setzen uns gegenseitig zu alleinigen Erben ein. Der Längerlebende von uns ist so lange Vollerbe, solange er nicht wieder heiratet. Heiratet der Überlebende von uns beiden wieder, so wird er nur befreiter Vorerbe, wobei er von den Beschränkungen der §§ 2113 ff. BGB befreit wird, soweit dies gesetzlich zulässig ist.Nacherben werden unsere gemeinsamen Kinder _____ und _____ [Vor- und Familiennamen der Kinder einsetzen] zu gleichen Teilen. Der Nacherbfall ist die Wiederverheiratung des überlebenden Ehegatten.

Überschuldeter Abkömmling

Die Anordnung einer Vor- und Nacherbfolge ist auch sinnvoll, wenn ein Abkömmling überschuldet oder verschwendungssüchtig ist. Durch eine Vor- und Nacherbschaft können Sie den Zugriff von Gläubigern auf den Nachlass verhindern (vgl. dazu unten).

Versorgung behinderter oder pflegebedürftiger Personen

Schließlich kommt die Vor- und Nacherbschaft in Betracht, wenn Sie ein behindertes oder pflegebedürftiges Kind versorgen wollen.

Lebt ein behindertes Kind im Heim oder bedarf es besonderer Pflege, sind die Kosten in aller Regel so hoch, dass Sozialleistungen in Anspruch genommen werden müssen. Hat das Kind eigenes Vermögen, so muss dieses - bis auf einen geringen Freibetrag - für die entstehenden Kosten eingesetzt werden. Folglich fließt das von den Eltern geerbte Vermögen in der Regel dem Sozialhilfeträger zu, ohne dass das behinderte Kind davon einen echten Vorteil hat. Das gleiche Problem stellt sich auch bei Ehepaaren, wenn ein Ehegatte von Behinderung betroffen ist.

Achtung: Mit der bloßen Enterbung schaffen Sie dieses Problem nicht vom Tisch. Wenn Sie die pflegebedürftige Person enterben, entstehen Pflichtteilsansprüche, die der Sozialhilfeträger auf sich überleiten und anschließend gegen die Erben geltend machen kann. Ebenfalls nicht hilfreich sind Vermögensübertragungen zu Lebzeiten, weil diese Pflichtteilsergänzungsansprüche auslösen (vgl. dazu unten), die der Sozialhilfeträger ebenfalls auf sich überleiten kann.

Helfen kann Ihnen das sogenannte Behindertentestament. Damit können Sie erreichen, dass Ihr Vermögen der Familie erhalten bleibt und ein Zugriff des Sozialhilfeträgers auf dieses Vermögen ausgeschlossen ist. Gleichzeitig können Sie gewährleisten, dass die pflegebedürftige Person Zuwendungen erhält, die ihr vom Sozialhilfeträger nicht weggenommen werden dürfen.

Dem klassischen Behindertentestament liegt die Anordnung einer Vor- und Nacherbschaft zugrunde:

- Sie setzen die pflegebedürftige Person in Höhe ihres Erbteils, der zumindest geringfügig über dem gesetzlichen Pflichtteil liegen muss, zum nicht befreiten Vorerben ein. Damit ist gewährleistet, dass der behinderten oder pflegebedürftigen Person kein endgültiges Vermögen zufließt.
- Dem Vorerben stehen die Nutzungen des Vermögens zu. Die Erträge des Nachlasses (z.B. Zinserträge) müssen eingesetzt werden, bevor Sozialhilfe verlangt werden kann.
- Als Nacherben setzen Sie eine andere Person (z.B. den überlebenden Ehegatten oder die Geschwister der pflegebedürftigen Person) ein. Der Nacherbfall tritt mit dem Tod des Vorerben ein.
- Die Vor- und Nacherbfolge ergänzen Sie durch Anordnung einer Testamentsvollstreckung. Damit schützen Sie die Nutzungen aus dem Erbteil vor Zugriffen von Gläubigern des Erben.
- Der von Ihnen bestimmte Testamentsvollstrecker hat die Aufgabe, der behinderten Person besondere Annehmlichkeiten zu sichern, die kein Grundbedarf sind, den der Sozialhilfeträger zu gewährleisten hat (z.B. Zuwendung geringerer Geldbeträge, Urlaubs- und Ferienaufenthalte).

! Das nachfolgende Testamentsmuster kann selbstverständliche individuelle Gesichtspunkte nicht berücksichtigen. Überhaupt ist die Gestaltung eines Behindertentestaments sehr komplex. Wenn Sie entsprechende testamentarische Anordnungen in einem eigenhändigen Testament treffen wollen, sollten Sie sich unbedingt von einem erbrechtlich versierten Anwalt beraten lassen. Bei einem notariellen Testament werden Sie zwangsläufig vom Notar beraten.

Muster: Behindertentestament

Ich setze meine Ehefrau _____ [Vor- und Familiennamen des Ehegatten] zu fünf Sechstel und meinen pflegebedürftigen Sohn _____ [Vor- und Familiennamen des Kindes] zu einem Sechstel zu meinen Erben ein. Mein Sohn wird jedoch mit seinem Erbteil nur von den gesetzlichen Beschränkungen der § § 2113 ff. BGB nicht befreiter Vorerbe. Nacherbe auf seinen Tod ist meine Ehefrau, ersatzweise meine Geschwister entsprechend den Regelungen über die gesetzliche Erbfolge. Der Nacherbfall tritt mit dem Tod des Vorerben ein.

Weil mein Sohn wegen seiner Pflegebedürftigkeit nicht imstande ist, seine Angelegenheiten selbst zu besorgen, insbesondere die ihm zufallenden Vermögenswerte selbst zu verwalten, ordne ich für den Fall meines Todes Testamentsvollstreckung an. Zum Testamentsvollstrecker benenne ich meinen Bruder _____ [Vor- und Familiennamen des Bruders], ersatzweise meine Schwester _____ [Vor- und Familiennamen der Schwester].

Der Testamentsvollstrecker ist von allen gesetzlichen Beschränkungen, soweit zulässig, befreit. Die Testamentsvollstreckung endet mit dem Eintritt des Nacherbfalls. Der Testamentsvollstrecker hat den Nachlass zu verwalten. Er hat aus den Erträgen des der Nacherbschaftsanordnung unterliegenden Erbteils meinem Sohn diejenigen Zuwendungen zu leisten, die zur Verbesserung der Lebensqualität beitragen, aber nach dem Sozialhilferecht nicht dem Zugriff des Sozialhilfeträgers unterliegen. Er erhält folgende verbindliche Verwaltungsanordnung nach § 2216 Abs. 2 BGB:

- Überlassung von Geldbeträgen in Höhe des jeweiligen Rahmens, der nach den jeweiligen einschlägigen Gesetzen einem Behinderten maximal zur freien Verfügung stehen kann,
- Zuschüsse zur Finanzierung und Gestaltung eines Urlaubs,
- Zuwendungen von Geschenken zu Weihnachten und zum Geburtstag
- etc.

Checkliste: Vor- und Nacherbfolge

Wissen Sie, dass Sie einen Erben auch in der Form einsetzen können, dass dieser erst Erbe wird, nachdem ein anderer Erbe geworden ist (Nacherbe)?	[ ]
Ist Ihnen bewusst, dass die Anordnung der Vor- und Nacherbfolge bei der Vermögensübertragung auf verschuldete Personen sinnvoll sein kann?	[ ]
Ist Ihnen bewusst, dass die Anordnung der Vor- und Nacherbfolge bei der Vermögensübertragung auf behinderte oder pflegebedürftige Kinder sinnvoll sein kann?	[ ]
Wissen Sie, dass Sie die Vor- und Nacherbfolge für den gesamten Nachlass oder einen Bruchteil davon anordnen können?	[ ]
Ist Ihnen bewusst, dass der von Ihnen eingesetzte Vorerbe in seiner Verfügungsbefugnis über den Nachlass gesetzlich beschränkt ist?	[ ]
Wissen Sie, dass Sie den eingesetzten Vorerben von den gesetzlichen Verfügungsbefugnissen in einem bestimmten Rahmen befreien können?	[ ]
Wenn Sie Vor- und Nacherbfolge in Ihrem Testament anordnen wollen: Haben Sie den Vorerben bestimmt?	[ ]
Wenn Sie Vor- und Nacherbfolge in Ihrem Testament anordnen wollen: Haben Sie den Nacherben festgelegt?	[ ]
Wenn Sie Vor- und Nacherbfolge in Ihrem Testament anordnen wollen: Haben Sie den Zeitpunkt des Nacherbfalls bestimmt?	[ ]
Wenn Sie Vor- und Nacherbfolge in Ihrem Testament anordnen wollen: Haben Sie festgelegt, auf welchen Teil des Nachlasses sich die angeordnete Vor- und Nacherbfolge beziehen soll?	[ ]
Wenn Sie Vor- und Nacherbfolge in Ihrem Testament anordnen wollen: Haben Sie festgelegt, welche Befugnisse dem Vorerben in Bezug auf den Nachlass zustehen sollen?	[ ]

3.2.3 Sie können Ihre gesetzlichen Erben enterben

Ihre Freiheit, nach Ihrem Belieben Verfügungen über Ihr Vermögen nach Ihrem Tod zu treffen, erstreckt sich auch darauf, Ihre gesetzlichen Erben zu enterben. Gesetzliche Erben sind zwangsläufig enterbt, wenn der Erblasser in seiner Verfügung von Todes wegen vollständig über den Nachlass verfügt, ohne diese zu berücksichtigen.

» Die Eheleute A und B setzen sich in einem gemeinschaftlichen Testament gegenseitig als Alleinerben ein. Schlusserben nach dem Tod des Längerlebenden sollen ihre beiden Kinder sein. Damit sind die beiden Kinder beim ersten Erbfall enterbt.

Sie können sich allerdings auch darauf beschränken, Ihren Ehegatten oder Verwandte von der gesetzlichen Erbfolge auszuschließen, ohne einen Erben einzusetzen. Die Enterbung brauchen Sie nicht zu begründen.

Muster: Ausdrückliche Enterbung

Ich enterbe meine Tochter _____ [Vor- und Familiennamen einsetzen].

[Oder]

Meinen Sohn _____ [Vor- und Familiennamen einsetzen] schließe ich als gesetzlichen Erben aus.

Schließen Sie eine Person von der gesetzlichen Erbfolge aus, der ein Pflichtteilsanspruch zusteht (vgl. dazu unten), ist es für die Enterbung dieser Person ausreichend, wenn Sie in Ihrer Verfügung von Todes wegen festlegen, dass diese nur den Pflichtteil erhalten soll.

Muster: Pflichtteil für gesetzlichen Erben

Meinen Sohn _____ [Vor- und Familiennamen des Erben einsetzen] setze ich auf den Pflichtteil.

Die Enterbung eines nahen Verwandten (z.B. eines Kindes) betrifft nur diesen, nicht dessen Abkömmlinge. Diese treten vielmehr an die Stelle der enterbten Person. Wenn Sie als Erblasser die Enterbung auch auf die Abkömmlinge des Enterbten erstrecken wollen, müssen Sie dies in Ihrer Verfügung ausdrücklich erklären.

Muster: Enterbung der Abkömmlinge des Enterbten

Meinen Sohn _____ [Vor- und Familiennamen des Erben einsetzen] setze ich auf den Pflichtteil. Die Enterbung erstreckt sich auch auf seine Abkömmlinge.

Wer von der gesetzlichen Erbfolge ausgeschlossen wurde, wird so behandelt, als würde er zur Zeit des Erbfalls nicht mehr leben. Der Ausschluss führt also zur gesetzlichen Erbfolge ohne den Ausgeschlossenen. Die Enterbung des Ehegatten erhöht also den gesetzlichen Erbteil der Verwandten. Werden die Verwandten einer früheren Ordnung ausgeschlossen (z.B. Kinder), kommen die nächsthöheren Verwandten (z.B. Eltern) zum Zug.

Checkliste Enterbung

Wollen Sie einen gesetzlichen Erben enterben?	[]
Ist Ihnen bewusst, dass Sie einen gesetzlichen Erben zwangsläufig enterben, wenn Sie Ihren gesamten Nachlass auf andere Erben verteilen?	[]
Ist Ihnen bewusst, dass Sie Ihre Kinder enterben, wenn Sie Ihren Ehegatten als Alleinerben einsetzen?	[]
Ist Ihnen bewusst, dass Ihre enterbten Kinder gegen den überlebenden Ehegatten ihren Pflichtteil verlangen können?	[]
Ist Ihnen bewusst, dass sich die Enterbung eines Kindes nicht auf dessen Nachkommen erstreckt?	[]
Wollen Sie Ihren Ehegatten enterben?	[]
Ist Ihnen bewusst, dass Ihr enterbter Ehegatte seinen Pflichtteil verlangen kann?	[]

3.2.4 Bei der Enterbung müssen Sie Pflichtteilsansprüche berücksichtigen

Wenn Sie Ihre allernächsten Familienangehörigen als gesetzliche Erben enterben, sollten Sie wissen, dass diesen Personen Pflichtteilsansprüche gegen die Erben zustehen. Dem betreffenden Personenkreis ist also ein Mindestanteil an der Erbschaft gesetzlich garantiert, den Sie nur unter ganz engen Voraussetzungen entziehen können. Zwar werden Sie in Ihrer Freiheit, nach Ihrem Belieben über Ihr Vermögen zu verfügen, dadurch nicht eingeschränkt und die Pflichtteilsberechtigten sind auch nicht am Nachlass beteiligt, sie erwerben allerdings gesetzlich einen Geldanspruch gegen den Erben.

Achtung: Sie können das Pflichtteilsrecht Ihrer nächsten Familienangehörigen nicht dadurch umgehen, dass Sie diese zwar nicht enterben, Ihnen aber nur einen Erbteil hinterlassen, der unter ihrer Pflichtteilsquote liegt. In diesem Fall haben die Pflichtteilsberechtigten Anspruch auf den sogenannten Restpflichtteil. Sie haben also einen Geldanspruch gegen die Erben in Höhe der Differenz ihres Erbteils und ihrem Pflichtteil.

! Wie bereits dargelegt, haben Sie durch entsprechende Gestaltungen im Berliner Testament die Möglichkeit, Pflichtteilsberechtigte durch entsprechende Strafklauseln davon abzuschrecken, ihren Pflichtteil geltend zu machen. Ferner können Sie versuchen, Pflichtteilsberechtigte zu einem Pflichtteilsverzicht zu bewegen, um zu erreichen, dass Sie wieder frei über Ihr Vermögen verfügen können (vgl. dazu unten).

Welchen Personen der Pflichtteil zusteht

Zu den pflichtteilsberechtigten Personen gehören nur der Ehegatte und die nächsten Verwandten des Erblassers. Im Einzelnen sind pflichtteilsberechtigt (§ 2303 BGB)

- die Abkömmlinge des Erblassers (Kinder, Enkel, Urenkel),
- nichteheliche und angenommene Kinder des Erblassers,
- die Eltern des Erblassers,
- der Ehegatte bzw. der eingetragene Lebenspartner.

Voraussetzung für den Pflichtteilsanspruch ist immer, dass die betreffende Person auch erbberechtigt wäre (§ 2309 BGB).

» Wenn die Kinder des Erblassers leben und erben, sind die Eltern des Erblassers vom gesetzlichen Erbrecht ausgeschlossen. Die Eltern können in diesem Fall also keinen Pflichtteilsanspruch gegen die Erben geltend machen.

Achtung: Mit der rechtskräftigen Scheidung der Ehe endet sowohl das Erbrecht als auch das Pflichtteilsrecht des Ehegatten.

Kein Pflichtteilsrecht haben entferntere Verwandte wie Geschwister des Erblassers und deren Kinder (Neffen, Nichten) und dessen Großeltern.

Wann ein Anspruch auf den Pflichtteil besteht

Voraussetzung für den Pflichtteilsanspruch ist insbesondere, dass der Pflichtteilsberechtigte durch ein Testament oder einen Erbvertrag von der gesetzlichen Erbfolge ausgeschlossen worden ist. Das ist auch der Fall, wenn er nur zum Schluss oder Ersatzerben eingesetzt wurde.

» Wenn die Eheleute A und B sich in einem gemeinschaftlichen Testament gegenseitig als Alleinerben einsetzen und nach dem Tod des Längerlebenden ihre beiden Kinder Schlusserben sein sollen, sind die beiden Kinder beim ersten Erbfall enterbt und können ihren Pflichtteil verlangen.

Achtung: Ist der Pflichtteilsberechtigte zum Erben eingesetzt worden und schlägt er die Erbschaft aus, kann er keinen Pflichtteil verlangen. Für den Ehegatten besteht allerdings eine Ausnahme.

Hat der Erblasser den Pflichtteilsberechtigten nur mit einem Vermächtnis (z.B. Anspruch auf Zuwendung eines bestimmten Geldbetrags) bedacht, so kann diesem ebenfalls der Pflichtteilsanspruch zustehen. Er kann in einem solchen Fall seinen vollen Pflichtteil geltend machen, wenn er das Vermächtnis ausschlägt (§ 2307 BGB). Keine Bedeutung hat, ob das Vermächtnis größer oder kleiner als der Pflichtteil ist. Erreicht der Wert des Vermächtnisses nicht den Wert des Pflichtteils, so kann der Vermächtnisnehmer den restlichen Pflichtteil geltend machen.

» Der Pflichtteilsanspruch des enterbten A beträgt 50.000,– €. Der Erblasser hat ihm durch ein Vermächtnis sein Auto im Wert von 40.000,– € zugewendet. A kann entweder das Vermächtnis ausschlagen und seinen Pflichtteil in Höhe von 50.000,– € verlangen oder das Vermächtnis annehmen und seinen Pflichtteil in Höhe von 10.000,– € geltend machen.

Wie der Pflichtteil berechnet wird

Der Pflichtteil beträgt die Hälfte des gesetzlichen Erbteils (§ 2303 Abs. 1 Satz 2 BGB). Maßgebend für die Höhe des Pflichtteils ist

- der Wert des Nachlasses zum Zeitpunkt des Erbfalls und
- die sogenannte Pflichtteilsquote.

Für die Höhe des Pflichtteils ist der Bestand des Nachlasses (sogenannter Aktivnachlass) am Todestag des Erblassers maßgebend (§ 2311 Abs. 1 BGB). Wertänderungen nach diesem Stichtag haben auf die Berechnung des Pflichtteils keinen Einfluss. Zunächst werden alle Vermögenswerte (Aktivnachlass) ermittelt. Davon werden die Verbindlichkeiten, die der Verstorbene hinterlassen hat (Passivnachlass), abgezogen. Der Bestand des Nachlasses, der der Pflichtteilsberechnung zugrunde gelegt wird, wird dann aus der Differenz zwischen Aktiv- und Passivnachlass ermittelt.

Zum Aktivnachlass gehören insbesondere

- Bankguthaben,
- Immobilien,
- Wertpapiere,
- Beteiligungen an Personen- und Kapitalgesellschaften,
- Gegenstände des persönlichen Gebrauchs (z.B. Schmuck, Kleidungsstücke),
- Kraftfahrzeuge,
- Haushaltsgegenstände,
- Darlehensforderungen.

Maßgebend für die Wertermittlung aller Nachlassgegenstände ist der gemeine Wert. Das ist grundsätzlich der Verkehrswert, also der Wert des Erlöses, der bei der Veräußerung am Markt zu erzielen wäre. Nicht maßgebend für die Pflichtteilsberechnung sind vom Erblasser vorgenommene Wertbestimmungen (§ 2311 Abs. 2 Satz 2 BGB).

Achtung: Bei der Berechnung des Pflichtteils nicht berücksichtigt werden u.a. laufende Forderungen auf Gehalt, Rente und Miete, geleaste Gegenstände, Lebensversicherungen, die über eine Bezugsberechtigung außerhalb des Nachlasses auf eine Person übergehen und Vermögenspositionen, die mit dem Tod des Erblassers erlöschen (z.B. Wohnrecht, Nießbrauch).

Zum abzugsfähigen Passivnachlass gehören u.a.

- Darlehensschulden,
- Grundschulden, Hypotheken, Bürgschaften, die Verbindlichkeiten des Erblassers sichern,

- Kosten, die im Zusammenhang mit dem Erbfall entstehen (z.B. Beerdigungskosten, Kosten für die Grabstätte),
- Steuerschulden des Erblassers,
- Unterhaltsansprüche, die mit dem Tod des Erblassers nicht erlöschen,
- Kosten der Nachlassverwaltung und -sicherung,
- Rückforderungsansprüche des Sozialhilfeträgers.

Achtung: Nicht abzugsfähig sind die Erbschaftsteuer, Vermächtnisse, Auflagen, Kosten der Testamentsvollstreckung, laufende Grabpflegekosten, Pflichtteilsansprüche.

Wenn der Bestand und der Wert des Nachlasses feststehen, ist die Pflichtteilsquote des Pflichtteilsberechtigten zu ermitteln. Dabei ist der Erbteil zu ermitteln, mit welchem der Pflichtteilsberechtigte im Falle der gesetzlichen Erbfolge erbberechtigt wäre. Dieser wiederum hängt davon ab, wie viele Erbberechtigte es gibt und welche das sind. Die Pflichtteilsquote entspricht dann der Hälfte des gesetzlichen Erbteils (§ 2303 Abs. 1 Satz 2 BGB).

Die vom Gesetz (§ 2310 BGB) vorgeschriebene Berechnung des Pflichtteils ist einigermaßen kompliziert. Der der Berechnung zugrunde zu legende Erbteil des Pflichtteilsberechtigten ist abstrakt zu ermitteln. Es werden auch diejenigen mitgezählt, welche wegen Enterbung,, Ausschlagung der Erbschaft oder Erbunwürdigkeit nicht Erbe geworden sind. Auch wer auf seinen Pflichtteil (nicht aber auf sein Erbrecht) verzichtet hat, wird mitgezählt. Das hat zur Folge, dass die Pflichtteilsquote jedes Pflichtteilsberechtigten geringer wird. Denn: Je mehr Erben es gibt, umso geringer ist der gesetzliche Erbteil und damit auch der Pflichtteil des Einzelnen.

» A hinterlässt seine Kinder B, C, D und E. In seinem Testament hat er B und C als Alleinerben eingesetzt. C hat die Erbschaft ausgeschlagen. D hat bereits im Wege der vorgenommenen Erbfolge eine Immobilie erhalten und auf seinen Erbteil verzichtet. Der enterbte E macht seinen Pflichtteil geltend.

Der gesetzliche Erbteil jedes der vier Kinder würde ein Viertel betragen, die Pflichtteilsquote jedes Kindes an sich also (die Hälfte davon) ein Achtel. Bei der Berechnung wird C mitgezählt, obwohl er die Erbschaft ausgeschlagen hat, nicht dagegen D, der auf seinen Erbteil verzichtet hat. Für die Berechnung des Pflichtteils werden also abstrakt drei Erben gezählt, deren Erbteil jeweils ein Drittel betragen würde. Der Pflichtteilsanspruch von E gegen B, der Alleinerbe wird, beträgt also ein Sechstel (die Hälfte des gesetzlichen Erbteils von einem Drittel).

Achtung: Besonderheiten bei der Berechnung der Erb- und Pflichtteilsquote gelten für den Ehegatten. Dessen Erbteil richtet sich nach dem ehelichen Güterstand und der Anzahl der Verwandten.

Wie Sie Pflichtteilsansprüche vermeiden bzw. beschränken können

Keine Pflichtteilsansprüche bestehen, wenn Sie dem Pflichtteilsberechtigten den Pflichtteil durch eine Verfügung von Todes wegen entzogen haben oder der Berechtigte auf seinen Anspruch verzichtet hat. Und unter bestimmten Voraussetzungen haben Sie die Möglichkeit, die Verfügungsmöglichkeit eines Kindes über seinen Pflichtteil einzuschränken.

Entziehung des Pflichtteils

Wie oben dargelegt, soll der Pflichtteil Ihren nächsten Familienangehörigen einen Mindestanteil an der Erbschaft garantieren. Sie sollen trotz Enterbung in einem gewissen Umfang am Nachlass teilhaben. Gleichwohl erlaubt Ihnen das Gesetz in engen Grenzen, einen pflichtteilsberechtigten Erben völlig vom Nachlass auszuschließen. Dabei handelt es sich um Fälle von einem außergewöhnlich schweren Fehlverhalten des Pflichtteilsberechtigten gegenüber dem Erblasser, sodass es diesem nicht zuzumuten ist, dass der Berechtigte am Nachlass teilhaben darf.

Einem Abkömmling kann nach § 2333 Abs. 1 BGB der Pflichtteil entzogen werden, wenn dieser

- dem Erblasser, dem Ehegatten des Erblassers, einem anderen Abkömmling oder einer dem Erblasser ähnlich nahestehenden Person nach dem Leben trachtet,
- sich eines Verbrechens oder eines schweren vorsätzlichen Vergehens gegen eine der in Nummer 1 bezeichneten Personen schuldig macht,
- die ihm dem Erblasser gegenüber gesetzlich obliegende Unterhaltspflicht böswillig verletzt oder
- wegen einer vorsätzlichen Straftat zu einer Freiheitsstrafe von mindestens einem Jahr ohne Bewährung rechtskräftig verurteilt wird und die Teilhabe des Abkömmlings am Nachlass deshalb für den Erblasser unzumutbar ist. Gleiches gilt, wenn die Unterbringung des Abkömmlings in einem psychiatrischen Krankenhaus oder in einer Entziehungsanstalt wegen einer ähnlich schwerwiegenden vorsätzlichen Tat rechtskräftig angeordnet wird.

Die genannten Gründe gelten entsprechend für die Entziehung des Pflichtteils der Eltern und des Ehegatten (§ 2333 Abs. 2 BGB).

Achtung: Einem Pflichtteilsberechtigten können Sie seinen Pflichtteil nur durch ein Testament oder einen Erbvertrag entziehen. Sie müssen darin genau und konkret angeben, warum Sie dem Berechtigten den Pflichtteil entziehen. Es reicht nicht aus, dass Sie nur den Gesetzeswortlaut wiederholen oder lediglich allgemeine Feststellungen treffen (z.B. »wegen des Lebenswandels«). Unklare oder unvollständige Formulierungen führen zur Unwirksamkeit der Pflichtteilsentziehung. Gegebenenfalls sollten Sie sich fachlich beraten lassen.

Muster: Entziehung des Pflichtteils

Hiermit enterbe ich meinen Sohn _____ [Vor- und Familiennamen einsetzen] und entziehe ihm den Pflichtteil aus folgenden Gründen:

Mein Sohn hatte in der Vergangenheit wiederholt finanzielle Schwierigkeiten. Ich habe ihn so gut es ging finanziell unterstützt. Am _____ [Datum einsetzen] hat er mich zum wiederholten Male um einen größeren Geldbetrag gebeten. Weil ich finanziell nicht in der Lage war, ihm zu helfen, kam es zu einer handgreiflichen Auseinandersetzung. Mein Sohn hat mehrmals auf mich eingeschlagen und mich getreten. Ich erlitt einen Nasenbeinbruch und schwere Rippenprellungen.

Das Attest meines Arztes vom _____ [Datum einsetzen] ist in der Anlage beigefügt. Ich entbinde ihn ausdrücklich von der ärztlichen Schweigepflicht. Ferner steht meine Tochter _____ [Vor- und Familiennamen des Erben einsetzen] als Zeugin zur Verfügung.

Verzicht auf den Pflichtteil

Pflichtteilsberechtigte Personen können durch Vertrag mit dem Erblasser auf ihren Pflichtteil verzichten (§ 2346 Abs. 2 BGB). Der Pflichtteilsverzicht erstreckt sich automatisch auf die Abkömmlinge des Verzichtenden. Durch einen Pflichtteilsverzichtsvertrag können Sie als Erblasser volle Handlungsfreiheit für Ihre Verfügung von Todes wegen gewinnen.

! Wie bereits ausgeführt, besteht beim Berliner Testament, mit dem sich die Ehegatten gegenseitig als Alleinerben und ihre gemeinsamen Kinder als Schlusserben einsetzen, das Problem, dass die Kinder beim ersten Erbfall enterbt und ihren Pflichtteil vom überlebenden Ehegatten verlangen können.

Zwar können Sie in das Testament Pflichtteilsstrafklauseln aufnehmen, um die Kinder beim ersten Erbfall davon abzuhalten, den Pflichtteil zu verlangen. Solche Klauseln dienen jedoch nur der Abschreckung, sie können letztlich jedoch nicht verhindern, dass die Schlusserben doch ihren Pflichtteil beim ersten Erbfall verlangen. Besser ist es, wenn Sie die Schlusserben dazu bewegen können, einen Pflichtteilsverzichtsvertrag abzuschließen. Damit ist ausgeschlossen, dass diese beim ersten Erbfall den Pflichtteilsanspruch gegen den Längerlebenden geltend machen und Ihren Ehegatten unter Umständen in finanzielle Schwierigkeiten bringen. Das Erbrecht der Schlusserben wird durch den bloßen Pflichtteilsverzichtsvertrag nicht berührt.

Beschränkung des Pflichtteils in guter Absicht

Praktische Bedeutung hat der Pflichtteilsverzicht auch, wenn Vermögen im Wege der vorweggenommenen Erbfolge übertragen wird. Wenn Sie Ihren Kindern bereits zu Lebzeiten Vermögenswerte übertragen, verlieren diese nicht automatisch ihr gesetzliches Erb- und Pflichtteilsrecht. Deshalb kann es notwendig sein, Kinder, die bereits durch eine Verfügung unter Lebenden ihren Erbteil erhalten haben, aus dem Kreis der gesetzlichen Erben auszuschließen. Als Gegenleistung für eine Schenkung kann dann ein Erb- und Pflichtteilsverzicht vereinbart werden.

! Der Pflichtteilsverzicht erfolgt durch Vertrag. Der Pflichtteilsverzichtsvertrag ist nur wirksam, wenn er notariell beurkundet wurde.

Probleme kann es geben, wenn ein Kind zur Verschwendung neigt oder verschuldet ist. Dann besteht die Gefahr, dass das Familienvermögen für die Nachkommen gefährdet ist, weil der Nachlass sofort mit dem Erwerb wegen der Verschwendungssucht oder der Überschuldung des Erwerbers dem Zugriff von dessen Gläubiger ausgesetzt ist. Zwar kann das verschwendungssüchtige oder überschuldete

Kind enterbt werden, es steht diesem aber zumindest der Pflichtteilsanspruch in Höhe der Hälfte seines gesetzlichen Erbteils zu. Dieser Pflichtteil kann dem Kind nur bei schweren Verfehlungen durch Testament entzogen werden (vgl. oben).

! Wenn ein Abkömmling sich »in einem solchen Maße der Verschwendung ergeben hat oder in einem solchen Maße überschuldet« ist, dass der spätere Nachlass erheblich gefährdet ist, können Sie diesem zwar den Pflichtteil nicht entziehen, Sie können aber durch eine Verfügung von Todes wegen dessen Verfügungsrecht über den Pflichtteil in der Form einschränken, dass er nur die Erträge aus dem Pflichtteil behalten, das Vermögen selbst aber nicht angreifen kann. Durch eine Art »Zwangsfürsorge« wird der spätere Nachlass vor der Verschwendungssucht des Erben oder vor dem Zugriff seiner Gläubiger bewahrt. Damit schützen Sie nicht nur Ihr pflichtteilsberechtigtes Kind, sondern sichern mittelbar auch das Familienvermögen für künftige Generationen.

Die sogenannte Pflichtteilsbeschränkung in guter Absicht ist nur gegenüber Ihren Abkömmlingen (also Ihren Kindern), nicht aber gegenüber Ihrem Ehegatten oder Ihren Eltern zulässig. Sie müssen Sie in Ihrem Testament anordnen. Folgende Voraussetzungen müssen vorliegen:

- Das pflichtteilsberechtigte Kind muss entweder »verschwendungssüchtig« oder »überschuldet« sein. Verschwendung liegt vor, wenn Vermögen nutzlos vergeudet wird. Allein ein großzügiger Lebensstil oder ein Leben über die Verhältnisse reicht nicht aus. Überschuldung liegt vor, wenn die Verbindlichkeiten das Vermögen überschreiten.
- Durch die Verschwendungssucht oder Überschuldung muss sich eine erhebliche Gefährdung des Nachlasses ergeben. Es muss also zu erwarten sein, dass der Nachlass entweder durch das Kind vergeudet oder durch die Gläubiger des Kindes gefährdet wird und auf diese Weise verloren geht.

Den optimalen Schutz des Familienvermögens erreichen Sie, wenn Sie eine Vor- und Nacherbschaft anordnen und diese mit einer Testamentsvollstreckung kombinieren (§ 2338 BGB). Sie setzen das verschwenderische oder überschuldete Kind als Vorerben und dessen gesetzliche Erben als Nacherben ein. Dem pflichtteilsberechtigten Kind bleiben dann die Einkünfte aus dem hinterlassenen Vermögen. Es darf aber keine Vermögenswerte verschenken oder Immobilien aus dem Nachlass verkaufen oder mit Grundpfandrechten (z.B. Grundschulden) belasten. Die Gläubiger des Vorerben können nicht in das Vermögen vollstrecken. Ergänzend können Sie für die Lebenszeit des Kindes Testamentsvollstreckung anordnen und dem Kind auch die Verwaltung des hinterlassenen Vermögens entziehen. Dem Testamentsvollstrecker obliegt dann die Aufgabe, dem überschuldeten oder verschwenderischen Kind die Einkünfte, die aus dem Nachlass erzielt werden, als laufende Unterhaltszahlung zu überlassen.

Muster: Beschränkung des Pflichtteils in guter Absicht

Ich setze meine Kinder _____, _____ und _____ [jeweils Vor- und Familiennamen der Erben einsetzen] zu je einem Drittel Erbteil zu meinen Erben ein.

Mein Sohn _____ [Vor- und Familiennamen einsetzen] ist hoch verschuldet. Ein Antrag auf Eröffnung des Insolvenzverfahrens über sein Vermögen wurde mangels Masse abgelehnt. Durch die Überschuldung ist ein späterer Erwerb erheblich gefährdet. Ich setze deshalb gemäß § 2338 BGB meinen Sohn _____ [Vor- und Familiennamen des Vorerben einsetzen] bezüglich seines Erbteils nur zum Vorerben ein. Nacherben sind seine gesetzlichen Erben. Der Nacherbfall tritt mit dem Tod des Vorerben ein.

Für die Zeit der Vorerbschaft ordne ich Testamentsvollstreckung an. Der Testamentsvollstrecker hat die Aufgabe, den Erbteil zu verwalten und den jährlichen Reinertrag des Erbteils an meinen Sohn auszuzahlen. Zum Testamentsvollstrecker bestimme ich _____ [Vor- und Familiennamen einsetzen], ersatzweise für den Fall, dass der Testamentsvollstrecker vor oder nach dem Amtsantritt wegfällt _____ [Vor- und Familiennamen einsetzen].

! Wenn Sie in Ihrem eigenhändigen Testament eine Pflichtteilsbeschränkung in guter Absicht anordnen wollen, sollten Sie sich vorher unbedingt von einem im Erbrecht versierten Anwalt beraten lassen.

Wann nach einer Schenkung Anspruch auf Pflichtteilsergänzung besteht

Wenn Sie Schenkungen zu Lebzeiten vornehmen, wird Ihr Nachlass reduziert mit der Folge, dass den Pflichtteilsberechtigten ein geringerer Pflichtteil zusteht. Sie könnten also durch solche Schenkungen das Pflichtteilsrecht Ihres Ehegatten und Ihrer nächsten Verwandten unterlaufen und Teile Ihres Vermögens schon zu Lebzeiten an Personen verschenken, die Sie gern als Ihre Erben sehen würden.

Achtung: Sie können das Pflichtteilsrecht Ihrer nächsten Familienangehörigen grundsätzlich nicht dadurch beeinträchtigen, dass Sie zu Lebzeiten Schenkungen an andere Personen machen. Die Pflichtteilsberechtigten können nämlich in einem solchen Fall die Ergänzung ihres Pflichtteils verlangen. Die meisten Schenkungen, die Sie in den letzten zehn Jahren vor Ihrem Tod gemacht haben, werden nämlich fiktiv dem Nachlass hinzugerechnet. Sie erhöhen also den Wert des Nachlasses und mithin auch den Pflichtteil.

! Pflichtteilsmindernd wirkt sich allerdings aus, wenn Sie zwar eine Schenkung vornehmen, sich aber aufgrund einer besonderen Vereinbarung mit dem Beschenkten das Recht vorbehalten, den Schenkungsgegenstand weiterhin zu nutzen (z.B. Nießbrauch oder Wohnungsrecht). In diesem Fall kann dann der Wert des vorbehaltenen Nutzungsrechts vom Wert der Schenkung abgezogen werden, was zwangsläufig eine Kürzung des Pflichtteils zur Folge hat.

Haben Sie einem Dritten eine Schenkung gemacht, so kann der Pflichtteilsberechtigte als Ergänzung seines Pflichtteils den Betrag verlangen, um den sich der Pflichtteil erhöht, wenn der verschenkte Gegenstand dem Nachlass hinzugerechnet wird (§ 2325 Abs. 1 BGB).

Unter Schenkungen fallen grundsätzlich alle unentgeltlichen Zuwendungen an eine andere Person. Dazu gehören insbesondere Geldgeschenke, der Erlass von Geldforderungen, die Schenkung beweglicher Sachen (z.B. eines Autos) und von Immobilien, ferner ehebedingte Zuwendungen zwischen Ehepartnern. Auch gemischte Schenkungen zählen dazu.

Keine Schenkungen, die Pflichtteilsergänzungsansprüche auslösen, sind sogenannte Anstands- oder Pflichtschenkungen wie zum Beispiel Weihnachts- und Geburtstagsgeschenke. Die Ergänzungspflicht besteht allerdings bei übermäßig hohen Schenkungen, die nicht den Einkommens- und Vermögensverhältnissen der Beteiligten entsprechen. Keine Pflichtteilsergänzungsansprüche begründen auch Unterhaltsleistungen, die unentgeltliche Überlassung einer Wohnung oder die Gewährung eines zinslosen Darlehens.

Achtung: Sind beim Erbfall bereits zehn Jahre seit der Schenkung vergangen, bleibt die Schenkung unberücksichtigt. In diesem Fall entfällt der Pflichtteilsergänzungsanspruch vollständig. Schenkungen innerhalb der Zehnjahresfrist werden dagegen berücksichtigt, und zwar in vollem Umfang, wenn diese innerhalb des ersten Jahres vor dem Erbfall erfolgt ist, und um jeweils ein Zehntel weniger innerhalb jedes weiteren Jahres nach dem Erbfall.

» Hat der im März 2014 verstorbene Erblasser im April 2009 insgesamt 40.000,– € verschenkt, so wird die für die Berechnung des Pflichtteilsergänzungsanspruchs maßgebliche Schenkung wegen der zwischenzeitlich vier vollständig abgelaufenen Jahre um vier Zehntel abgeschmolzen. Die Schenkung wird also nur noch mit 24.000,– € berücksichtigt.

Je nachdem, wie die Schenkung ausgestaltet bzw. wer der Empfänger der Schenkung war, beginnt die Zehnjahresfrist zu unterschiedlichen Zeitpunkten zu laufen. Bei Eheleuten und eingetragenen Lebenspartnern ist für den Beginn der Zehnjahresfrist nicht der Zeitpunkt der Schenkung, sondern der Zeitpunkt der Scheidung maßgebend. War also der Erblasser zum Zeitpunkt des Erbfalls mit dem Beschenkten noch verheiratet, so hat die Zehnjahresfrist noch gar nicht begonnen. Ebenso beginnt die Zehnjahresfrist bei der Schenkung eines Grundstücks unter Nießbrauchsvorbehalt im Regelfall erst dann zu laufen, wenn der Nießbrauch wegfällt, also erst mit dem Tod des Nießbrauchsberechtigten.

Der Pflichtteilsergänzungsanspruch berechnet sich wie folgt:

- Zunächst wird der Nachlass bestimmt, ohne dass Schenkungen berücksichtigt werden (realer Nachlass). Daraus wird dann der ordentliche Pflichtteil des Berechtigten berechnet.
- Anschließend werden dem realen Nachlass alle Schenkungen zugerechnet (fiktiver Nachlass).
- Aus dem rechnerisch erhöhten, fiktiven Nachlass wird dann der Gesamtpflichtteil berechnet.
- Vom Gesamtpflichtteil ist schließlich der ordentliche Pflichtteil, der ohne den Wert der Schenkung berechnet wurde, abzuziehen. Daraus ergibt sich dann der Ergänzungspflichtteil.

» Der verwitwete A enterbt seinen Sohn B zugunsten seiner Tochter C. Das hinterlassene Vermögen beträgt 80.000,– €. B hätte als gesetzlicher Erbe die Hälfte des Nachlasses, also 40.000,– € zugestanden; sein Pflichtteil beträgt davon die Hälfte, also ein Viertel des Nachlasses (= 20.000,– €). Sieben Jahre vor seinem Tod hat A seinem Bruder D 40.000,– € geschenkt. Dieser Betrag wird zu 30 % (10 % Abzug für jedes Jahr) bei der Ergänzung des Pflichtteils berücksichtigt. 12.000,– € sind also dem Nachlass von 80.000,– € zuzurechnen. Der reale Nachlass beträgt damit 92.000,– €, der Erbteil des B davon die Hälfte, also 46.000,– €. Der Gesamtpflichtteil beträgt mithin 23.000,– € (20.000,– € ordentlicher Pflichtteil + 3.000,– € Ergänzungspflichtteil).

Checkliste: Pflichtteil

Ist Ihnen bewusst, dass Ihr Ehegatte und Ihre Kinder Pflichtteilsansprüche haben, wenn Sie sie durch Testament enterben?	[ ]
Wollen Sie mit den pflichtteilsberechtigten Personen Verzichtsverträge abschließen?	[ ]
Wissen Sie, dass der Pflichtteilsverzichtsvertrag der notariellen Beurkundung bedarf?	[ ]
Ist Ihnen bewusst, dass den Pflichtteilsberechtigten der sogenannte Restpflichtteil zusteht, wenn ihnen ein Erbteil hinterlassen ist, der unter ihrem Pflichtteil liegt?	[ ]
Wissen Sie, dass die Pflichtteilsberechtigten Ergänzung ihres Pflichtteils verlangen können, wenn Sie zu Lebzeiten in den letzten zehn Jahren vor dem Erbfall Schenkungen vorgenommen haben?	[ ]
Wissen Sie, dass Schuldner der Pflichtteilsergänzung Ihre Erben sind?	[ ]
Wollen Sie den Pflichtteilsberechtigten ihren Pflichtteil entziehen?	[ ]
Liegt einer der gesetzlich geregelten Entziehungsgründe vor?	[ ]
Wissen Sie, dass Sie einem Abkömmling den Pflichtteil beschränken können, wenn er sich in einem solchen Maß der Verschwendung ergeben hat oder in einem solchen Maß überschuldet ist, dass sein späterer Erwerb gefährdet ist?	[ ]

3.3 Wie Sie durch Ihre Verfügung von Todes wegen einzelne Nachlassgegenstände zuwenden können

Wie bereits dargelegt, gilt im Erbrecht der Grundsatz der Gesamtrechtsnachfolge. Als Erblasser ist es Ihnen demnach verwehrt, einzelne Nachlassgegenstände unter die Bedachten zu verteilen. Allerdings stehen Ihnen eine Reihe von Möglichkeiten zur Verfügung, den Personen, denen Sie einzelne Nachlassgegenstände zukommen lassen wollen, Forderungen auf Übertragung dieser Gegenstände gegen den oder die Erben oder andere beschwerte Personen einzuräumen.

3.3.1 Sie können Vermächtnisse anordnen

Mit einem Vermächtnis können Sie jemandem in Ihrem Testament oder durch Erbvertrag einen Vermögensvorteil zuwenden, ohne dass dieser Ihr Erbe ist (§ 1939 BGB). Der Begünstigte eines Vermächtnisses (sogenannter Vermächtnisnehmer) erlangt durch die Zuwendung nicht die rechtliche Stellung Ihrer Erben. Diese sind Gesamtrechtsnachfolger. Die mit dem Erbe verbundenen Pflichten, wie beispielsweise die Verwaltung des Nachlasses oder die Befriedigung von Nachlassverbindlichkeiten, gelten für den Vermächtnisnehmer nicht. Er erhält lediglich einen Anspruch gegen denjenigen, der mit dem Vermächtnis beschwert wurde.

Was Gegenstand eines Vermächtnisses sein kann

Gegenstand eines Vermächtnisses muss immer ein »Vermögensvorteil« sein (§ 1939 BGB). Der Bedachte muss also begünstigt werden. In Betracht kommen insbesondere

- die Übertragung von Eigentum an bestimmten Gegenständen (z.B. Auto, Briefmarkensammlung),

- die Übertragung von Rechten (z.B. Nießbrauch an Sachen und Rechten, lebenslanges Wohnrecht, Urheberrecht) und
- die Einräumung von Forderungsrechten (z.B. Anspruch auf Rückzahlung eines Darlehens oder auf Aufnahme in eine Gesellschaft).

Welche Vermächtnisse Sie zuwenden können

Nach ihrem Inhalt stehen Ihnen verschiedene Vermächtnisarten zur Verfügung. Für die Zuwendung der entsprechenden Vermächtnisse bedarf es jeweils einer Verfügung von Todes wegen.

Durch ein Stückvermächtnis können Sie dem Vermächtnisnehmer einen bestimmten Gegenstand (z.B. Grundstück, Möbelstück) vermachen. Voraussetzung für die Wirksamkeit des Vermächtnisses ist, dass der Gegenstand zur Zeit des Erbfalls sich noch im Nachlass befindet.

Muster: Stückvermächtnis

Meinem Freund _____ [Vor- und Familiennamen des Vermächtnisnehmers einsetzen] vermache ich mein Auto.

[Oder]

Meine Schwester _____ [Vor- und Familiennamen des Vermächtnisnehmers einsetzen] soll meine Eigentumswohnung _____ [konkrete Beschreibung der Immobilie] erhalten.

[Oder]

Meinem Enkelkind _____ [Vor- und Familiennamen des Vermächtnisnehmers einsetzen] vermache ich mein Wertpapierdepot _____ bei der _____ Bank [konkrete Bezeichnung des Depots und der Bank].

Sie können denselben Gegenstand auch mehreren Personen vermachen (§ 2157 BGB).

Muster: Gemeinschaftliches Vermächtnis

Meinen Freunden _____ und ____ [jeweils Vor- und Familiennamen der Vermächtnisnehmer einsetzen] vermache ich mein Auto.

Sie können sich auch darauf beschränken, den vermachten Gegenstand nur der Gattung nach zu bestimmen und die Gattungsmerkmale zu beschreiben (z.B. ein Auto, ein Haus). Die Bestimmung des Gegenstands können Sie dem Beschwerten, dem Bedachten oder einem Dritten auferlegen. Wenn Sie keine Anordnung getroffen haben, bestimmt der Beschwerte den vermachten Gegenstand. Ein Gattungsvermächtnis ist auch dann wirksam, wenn sich Sachen der bestimmten Art nicht im Nachlass befinden, sondern erst beschafft werden müssen.

Muster: Gattungsvermächtnis

Meinem Bruder _____ [Vor- und Familiennamen des Vermächtnisnehmers einsetzen] vermache ich ein Auto.

[Oder]

Meine Schwester _____ [Vor- und Familiennamen des Vermächtnisnehmers einsetzen] soll ein Bild des Malers _____ [Name des Malers] erhalten.

[Oder]

Meinem Enkelkind _____ [Vor- und Familiennamen des Vermächtnisnehmers einsetzen] vermache ich _____ Euro.

Sie können ein Vermächtnis auch Ihrem Erben (Alleinerbe oder Miterbe) zuwenden (§ 2150 BGB). Man spricht dann von einem Vorausvermächtnis. Dieses Vorausvermächtnis erhält der Erbe dann ohne Anrechnung auf seinen Erbteil zusätzlich vorab aus dem Nachlass. Die Erbquoten werden dann nach dem verbleibenden Nachlass ohne den vermachten Gegenstand berechnet.

! Durch ein Vorausvermächtnis haben Sie die Möglichkeit, einen einzelnen Miterben gegenüber den anderen Miterben zu begünstigen.

Muster: Vorausvermächtnis

Ich setze meine Frau _____ zur Hälfte und meine beiden Kinder _____ und _____ [jeweils Vor- und Familiennamen der Erben einsetzen] zu jeweils einem Viertel zu meinen Erben ein. Meiner Frau vermache ich darüber hinaus ohne Anrechnung auf ihren Erbteil _____ [Gegenstand des Vermächtnisses einsetzen, z.B. lebenslanges und unentgeltliches Wohnrecht].

Sie können auch ein Vermächtnis in der Weise anordnen, dass der Bedachte von mehreren Gegenständen nur den einen oder anderen erhalten soll (§ 2154 BGB). Das Wahlrecht können Sie dem Beschwerten (in der Regel dem Erben), dem Bedachten oder einer dritten Person einräumen. Wenn Sie keine Anordnung treffen, ist der Beschwerte wahlberechtigt.

Muster: Wahlvermächtnis

Ich vermache meinem Neffen _____ [Vor- und Familiennamen des Vermächtnisnehmers einsetzen] eine Eigentumswohnung. Er kann zwischen den Wohnungen in der _____straße und der _____ straße [jeweils konkrete Beschreibung der Immobilien] wählen.

Sie können sich bei der Zuwendung eines Vermächtnisses auch darauf beschränken, dessen Zweck zu bestimmen und es im Übrigen dem Beschwerten oder einer dritten Person (z.B. dem Testamentsvollstrecker) überlassen, den konkreten Vermächtnisgegenstand festzulegen (§ 2156 BGB). Sie müssen allerdings den Vermächtniszweck so genau bezeichnen, dass der Bestimmungsberechtigte ausreichende Anhaltspunkte für die Ausübung seines Ermessens hat.

Muster: Zweckvermächtnis

Ich vermache meinem Neffen _____ [Vor- und Familiennamen des Vermächtnisnehmers einsetzen], der Kunsthistorik studiert, einen dreimonatigen Studienaufenthalt in Florenz. Über die Einzelheiten soll meine Frau _____ [Vor- und Familiennamen einsetzen] entscheiden.

Grundsätzlich ist das Vermächtnis eines bestimmten Gegenstands unwirksam, wenn dieser Gegenstand zur Zeit des Erbfalls nicht zur Erbschaft gehört. Die Unwirksamkeit tritt aber nicht ein, wenn Sie den Gegenstand dem Bedachten auch für den Fall zuwenden, dass er nicht zur Erbschaft gehört (Verschaffungsvermächtnis, § 2169 BGB). In diesem Fall hat der Beschwerte dann dem Bedachten den Gegenstand zu beschaffen (§ 2170 BGB).

Muster: Verschaffungsvermächtnis

Mein Sohn _____ [Vor- und Familiennamen des Beschwerten einsetzen] als Alleinerbe soll Frau _____ [Vor- und Familiennamen des Vermächtnisnehmers einsetzen], die mich jahrelang gepflegt hat, eine Eigentumswohnung, bestehend aus _____ [konkrete Beschreibung der Immobilie, z.B. bestehend aus zwei Zimmern, Küche und Bad], in meinem Wohnort verschaffen.

Sie können dem durch ein Vermächtnis Begünstigten auch eine Ihnen zustehende Forderung (z.B. Guthaben auf einem Bankkonto, Rückzahlungsforderung aus einem Darlehen) vermachen. In diesem Fall hat der Vermächtnisnehmer gegenüber dem Beschwerten Anspruch auf Übertragung der Forderung nebst Zinsen seit dem Anfall des Vermächtnisses.

Muster: Forderungsvermächtnis

Mein bei der _____ Bank [Bezeichnung der Bank] deponiertes Sparguthaben erhält mein Enkel _____ [Vor- und Familiennamen des Vermächtnisnehmers einsetzen]. [Oder] Meine Schwester _____ [Vor- und Familiennamen des Vermächtnisnehmers einsetzen] soll das gesamte im Zeitpunkt des Erbfalls bestehende Guthaben auf meinem Sparbuch bei der _____ Bank [konkrete Bezeichnung des Sparbuchs und der Bank] erhalten.

Sie können mehreren Personen den vermachten Gegenstand zeitlich hintereinander zuwenden (§ 2191 BGB). Man spricht dann von einem Nachvermächtnis, für das die gesetzlichen Regelungen über die Vor- und Nacherbfolge gelten.

Muster: Nachvermächtnis

Meine Schwester _____ [Vor- und Familiennamen des Vermächtnisnehmers einsetzen] soll das gesamte im Zeitpunkt des Erbfalls bestehende Guthaben auf meinem Sparbuch bei der _____ Bank [konkrete Bezeichnung des Sparbuchs und der Bank] erhalten. Nach ihrem Tod soll das dann noch vorhandene Guthaben ihren Kindern zu gleichen Teilen gehören.

Sie können auch anordnen, dass für den Fall, dass der Vermächtnisnehmer das Vermächtnis ausschlagen oder sonst wegfallen sollte, ein Ersatzvermächtnisnehmer den dem Vermächtnisnehmer zugewendeten Gegenstand erhalten soll (§ 2190 BGB).

Muster: Ersatzvermächtnis

Meine Schwester _____ [Vor- und Familiennamen des Vermächtnisnehmers einsetzen] soll meine Eigentumswohnung _____ [konkrete Beschreibung der Immobilie] erhalten. Sollte sie zuvor versterben, so soll die Immobilie meinem Neffen _____ [Vor- und Familiennamen des Ersatzvermächtnisnehmers einsetzen] zufallen.

Wer durch ein Vermächtnis bedacht werden kann

Die durch ein Vermächtnis begünstigte Person wird als Vermächtnisnehmer bezeichnet. Ein Vermächtnis können Sie jeder rechtsfähigen Person zuwenden. In Betracht kommen auch juristische Personen (z.B. ein rechtsfähiger Verein). Vermächtnisnehmer kann auch eine noch nicht gezeugte Person sein. Sie können also auch erhofften Enkeln ein Vermächtnis zuwenden. In diesem Fall fällt das Vermächtnis im Zeitpunkt der Geburt des Vermächtnisnehmers an (§ 2178 BGB).

Wenn der Bedachte zur Zeit des Erbfalls nicht mehr lebt, ist das Vermächtnis unwirksam (§ 2160 BGB). Wollen Sie, dass in diesem Fall das Vermächtnis nicht an die Erben fällt, sondern es an eine andere Person zuwenden, müssen Sie einen Ersatzvermächtnisnehmer bestimmen (vgl. oben).

Im Regelfall werden Sie als Erblasser in Ihrem Testament oder Erbvertrag den Vermächtnisnehmer bestimmen. Sie können aber auch festlegen, dass eine dritte Person (z.B. der Testamentsvollstrecker) oder der Beschwerte (im Regelfall die Erben) den Vermächtnisnehmer bestimmen sollen. In diesem Fall müssen Sie einen bestimmbaren Personenkreis bezeichnen, aus dem der Bestimmungsberechtigte den Vermächtnisnehmer auszuwählen hat.

Achtung: Allerdings dürfen Sie die Auswahl des Bedachten nicht völlig in das Belieben des zur Auswahl Berufenen stellen. Sie müssen vielmehr den Personenkreis hinreichend genau festlegen (z.B. die Mitarbeiter in Ihrem Betrieb zum Zeitpunkt des Erbfalls).

Wer durch ein Vermächtnis beschwert ist

Mit einem Vermächtnis können Sie Ihre Erben oder einen Vermächtnisnehmer beschweren. Sofern Sie nichts anderes bestimmt haben, sind Ihre Erben beschwert. Keine Bedeutung hat, ob Ihre Erben gesetzliche Erben oder Erben durch ein Testament oder einen Erbvertrag, ob Sie Allein- oder Miterbe, Vor- oder Nacherbe sind.

Sie können auch mehrere Personen mit einem Vermächtnis beschweren. Wenn Sie nichts anderes anordnen, sind die Beschwerten dann im Verhältnis ihrer Erb- bzw. Vermächtnisanteile beschwert (§ 2148 BGB).

Wann das Vermächtnis anfällt

Wenn Sie in Ihrer Verfügung von Todes wegen nicht anderes festgelegt haben, fällt das Vermächtnis mit dem Erbfall an (§ 2176 BGB). Dann entsteht die Forderung des Vermächtnisnehmers. Dieser kann dann die Leistung sofort verlangen.

! Sie haben die Möglichkeit, den Anfall des Vermächtnisses durch eine Bedingung oder Befristung zu verschieben. In diesem Fall fällt das Vermächtnis erst an, wenn die Bedingung oder der Termin eintritt (§ 2177 BGB).

Muster: Bedingtes Vermächtnis

Meiner Schwester _____ [Vor- und Familiennamen des Vermächtnisnehmers einsetzen] vermache ich _____Euro für den Fall, dass das in meinem Nachlass befindliche landwirtschaftlich genutzte Grundstück _____ [konkrete Bezeichnung des Grundstücks] Baugelände wird.

Muster: Anordnung zur Fälligkeit des Vermächtnisses

Meinem Bruder _____ [Vor- und Familiennamen des Vermächtnisnehmers einsetzen] vermache ich _____ Euro. Er kann dieses Vermächtnis nicht vor Ablauf eines Jahres nach dem Erbfall geltend machen.

Checkliste: Anordnung von Vermächtnissen

Wollen Sie an eine Person eine einzelne Zuwendung machen, ohne diese als Erben einzusetzen (Vermächtnis)?	[]
Was wollen Sie der betreffenden Person vermachen?	[]
Wem wollen Sie etwas zuwenden?	[]
Wer soll das Vermächtnis erfüllen?	[]
Wollen Sie den Anfall des Vermächtnisses mit einer Bedingung verknüpfen?	[]
Wollen Sie für den Anfall des Vermächtnisses einen bestimmten Termin bestimmen?	[]
Wann soll das Vermächtnis fällig sein?	[]
Wollen Sie Vorkehrungen treffen, dass das Vermächtnis erfüllt wird (z.B. durch Bestellung eines Testamentsvollstreckers)?	[]
Ist Ihnen bewusst, dass der Erwerb durch ein Vermächtnis der Erbschaftsteuer unterliegt?	[]

3.3.2 Sie können Auflagen verfügen

Sie können Ihre Erben oder Vermächtnisnehmer in Ihrem Testament oder durch einen Erbvertrag zu einer Leistung verpflichten, ohne einem anderen ein Recht auf die Leistung zuzuwenden (§ 1940 BGB). Im Gegensatz zur Erbeinsetzung und zum Vermächtnis braucht der Inhalt einer Auflage keine Zuwendung zu sein, sondern mit ihr wird eine Verpflichtung auferlegt, ohne dass einem Bedachten ein Anspruch eingeräumt wird. Gleichwohl kann mit einer Auflage auch eine Zuwendung verbunden sein und eine Person begünstigt werden. Im Gegensatz zum Vermächtnisnehmer hat aber die durch eine Auflage begünstigte Person keinen Anspruch auf die Leistung.

Was Gegenstand einer Auflage sein kann

Gegenstand einer Auflage kann jede Leistung des Beschwerten sein, ein Tun, Dulden oder Unterlassen. Die Leistung muss keinen Vermögenswert haben. Die Auflage muss sich nicht auf Gegenstände des Nachlasses, sie kann sich vielmehr auch auf andere Vermögensbereiche des Beschwerten beziehen. Aus der Auflage muss sich nicht der Begünstigte bzw. der begünstigte Personenkreis ergeben, es ist vielmehr ausreichend, wenn Sie den Zweck der Auflage hinreichend beschreiben, während sie es dem Beschwerten oder einem Dritten (z.B. einem Testamentsvollstrecker) überlassen, den konkreten Leistungsgegenstand näher zu bestimmen.

» **Auflagen (ohne Begünstigung) können beispielsweise betreffen:**

- die Grabpflege oder die Vornahme der Bestattung in einer bestimmten Weise,
- die Unterlassung der Veräußerung eines Nachlassgegenstands,
- die Pflicht, ein Tier zu pflegen und zu versorgen,
- die Fortführung eines Unternehmens,
- die Pflicht, das vermachte Geld in einer bestimmten Weise für eine bestimmte Zeit anzulegen.

Auflagen, die eine Begünstigung vorsehen, können sich beispielsweise beziehen auf

- Geldzahlungen an eine bestimmte Person,
- Sachleistungen an eine bestimmte Person,
- die Pflicht, eine Immobilie an eine bestimmte Einrichtung zu übertragen,
- die Pflicht, einer Stiftung finanzielle Mittel zukommen zu lassen,
- die Pflicht, einem Begünstigten einen Gegenstand zu verschaffen.

Muster: Auflagen

Meinen Erben mache ich zur Auflage, meine Grabstätte entsprechend den örtlichen Gepflogenheiten zu pflegen und zu schmücken.

[Oder]

Meine Erben sind verpflichtet, _____ Euro an den _____verein [konkrete Bezeichnung des Vereins] zu zahlen.

[Oder]

Meine Erben sind verpflichtet, an meinen Neffen _____ [Vor- und Familiennamen einsetzen], der meinen Hund versorgen soll, einmalig _____ Euro zu zahlen.

[Oder]

Ich bestimme meinen Sohn _____ [Vor- und Familiennamen des Erben einsetzen] zum Alleinerben. Er ist verpflichtet, seine Schwester _____ [Vor- und Familiennamen einsetzen] zu 40 % an den Roheinnahmen des Hauses zu beteiligen, solange ihm das Haus gehört.

[Oder]

Ich bestimme meinen Sohn _____ [Vor- und Familiennamen des Erben einsetzen] zum Alleinerben. Das im Nachlass befindliche Anwesen _____ [genaue Bezeichnung der Immobilie] darf er nach der Übernahme zehn Jahre lang nicht veräußern.

Wer mit einer Auflage beschwert werden kann

Mit einer Auflage können Sie Ihre Erben oder Vermächtnisnehmer beschweren. Haben Sie keine besondere Anordnung getroffen, so sind im Zweifelsfall Ihre Erben beschwert.

Die Auflage verpflichtet den Beschwerten, sie auszuführen. Anders als der Vermächtnisnehmer begründet die Auflage jedoch keinen Anspruch auf Erfüllung für einen etwaigen Begünstigten. Die Vollziehung der Auflage können nur der Erbe, der Miterbe und derjenige verlangen, welchem der Wegfall des mit der Auflage zunächst Beschwerten unmittelbar zustattenkommen würde. Liegt die Vollziehung der Auflage im öffentlichen Interesse (z.B. die Anordnung, das städtische Museum durch eine Geldzuwendung zu unterstützen), kann auch die nach Landesrecht zuständige Behörde die Vollziehung verlangen.

Wer mit einer Auflage begünstigt werden kann

Wie gesagt, muss es bei der Auflage keinen Begünstigten geben. Der Erblasser ordnet sie häufig im eigenen Interesse (z.B. die Grabpflege) an. Gleichwohl kann durch die Auflage eine Person begünstigt werden, ohne dass ihr allerdings ein Anspruch auf die Leistung zusteht. Den Begünstigten können Sie als Erblasser selbst bestimmen, Sie können dieses Recht aber auch auf den Beschwerten oder eine dritte Person (z.B. den Testamentsvollstrecker) übertragen.

Wenn Sie das Entscheidungsrecht über den Begünstigten dem Beschwerten oder einem Dritten überlassen, müssen Sie den Zweck der Auflage festlegen und diesen so genau bezeichnen, dass sich aus dem festgelegten Grund der Zuwendung hinreichende Anhaltspunkte für die Bestimmung des Begünstigten ergeben. Dabei ist es ausreichend, dass sich aus der Zweckbestimmung der begünstigte Personenkreis ermitteln lässt. Wirksam ist also beispielsweise die Auflage, dass eine »gemeinnützige Organisation« finanziell unterstützt werden soll.

! Wenn Sie sicherstellen wollen, dass die Auflage, mit der die Begünstigung einer anderen Person verbunden ist, von dem Beschwerten erfüllt wird, sollten Sie einen Testamentsvollstrecker mit der Aufgabe einsetzen, als Vollziehungsberechtigter die Einhaltung der Auflage zu überwachen.

Wann eine Auflage unwirksam ist

Unwirksam ist eine Auflage, die auf eine zur Zeit des Erbfalls unmögliche oder verbotene Leistung gerichtet ist.

» Unwirksam ist die Auflage, ein bestimmtes Testament zu errichten, nicht zu errichten, aufzuheben oder nicht aufzuheben.

Ist mit einer unwirksamen Auflage eine Zuwendung verbunden, so berührt das die Gültigkeit der Zuwendung grundsätzlich nicht. Nur wenn im Einzelfall anzunehmen ist, dass der Erblasser die Zuwendung nicht ohne die Auflage gemacht hätte, hat die Unwirksamkeit der Auflage auch die der Zuwendung zur Folge.

» Wenn der Erblasser in seinem Testament einer Person nur deshalb ein Geldvermächtnis zugewendet hat, weil sie entsprechend einer Auflage das Grab des Erblassers pflegt, und würde dieser Zusammenhang auch im Testament zum Ausdruck kommen, hätte die Unwirksamkeit der Auflage auch die Unwirksamkeit der Zuwendung zur Folge.

Checkliste: Anordnung von Auflagen

Wollen Sie Ihre Erben oder einen Vermächtnisnehmer zu einer Leistung verpflichten, ohne einem anderen ein Recht auf die Leistung einzuräumen (Auflage)?	[ ]
Wollen Sie z.B. dem Beschwerten aufgeben, die Beerdigung oder die Grabpflege zu übernehmen oder wollen Sie Geld- oder Sachleistungen für bestimmte Zwecke anordnen?	[ ]
Ist Ihnen bewusst, dass eine sittenwidrige Auflage unwirksam ist?	[ ]
Wer soll die Auflage erfüllen?	[ ]
Ist Ihnen bewusst, dass der Erwerb einer Auflage der Erbschaftsteuer unterliegt?	[ ]
Wollen Sie sicherstellen, dass eine von Ihnen angeordnete Auflage tatsächlich erfüllt wird (z.B. durch Anordnung einer Testamentsvollstreckung)?	[ ]

3.3.3 Sie können Anordnungen für die Aufteilung des Nachlasses treffen

Wenn Sie in Ihrem Testament mehrere Erben einsetzen, entsteht mit dem Erbfall zwangsläufig eine Erbengemeinschaft. Der Nachlass ist dann gemeinschaftliches Vermögen der Erben. Jedem Miterben steht der von Ihnen im Testament bzw. Erbvertrag festgelegte Bruchteil zu. Ein Miterbe allein kann nicht über einzelne Nachlassgegenstände verfügen. Wenn Sie Regelungen treffen wollen, wie Ihre Erben die einzelnen Vermögensgegenstände untereinander aufteilen sollen (wer also zum Beispiel die Wertpapiere, Ihr Auto oder Ihre Briefmarkensammlung erhalten soll), müssen Sie eine Teilungsanordnung treffen (§ 2048 BGB).

Muster: Teilungsanordnung

Zu meinen Erben setze ich meine drei Kinder _____, _____ und __________ [Vor- und Familiennamen des jeweiligen Miterben einsetzen] zu jeweils gleichen Teilen ein. Für die Auseinandersetzung unter den Erben treffe ich folgende Teilungsanordnung:

Meine Tochter _____ [Vor- und Familiennamen des Miterben einsetzen] erhält in Anrechnung auf ihren Erbteil das Hausgrundstück _____[genaue Bezeichnung der Immobilie] und mein Guthaben auf dem Sparbuch _____ bei der _____ Bank [genaue Bezeichnung des Sparbuchs und der Bank].

Meine Tochter ____ [Vor- und Familiennamen des Miterben einsetzen] erhält in Anrechnung auf ihren Erbteil mein Wertpapierdepot _____ bei der _____ Bank [genaue Bezeichnung des Depots und der Bank].

Mein Sohn _____ [Vor- und Familiennamen des Miterben einsetzen] erhält in Anrechnung auf seinen Erbteil die Eigentumswohnung _____ [genaue Bezeichnung der Immobilie].

! Ihre Teilungsanordnung führt nicht automatisch zu der von Ihnen angeordneten Verteilung der Nachlassgegenstände unter den Miterben. Diese sind zwar verpflichtet, den Nachlass entsprechend Ihren Vorgaben aufzuteilen, sie können sich aber durch einstimmigen Beschluss über Ihre Anordnungen hinwegsetzen. Wenn Sie das verhindern wollen, Ihnen Ihre Anordnung also so wichtig ist, dass Sie diese auf jeden Fall umgesetzt wissen wollen, müssen Sie eine Testamentsvollstreckung anordnen. Sie können aber auch die Erbeinsetzung an die Bedingung knüpfen, dass der Nachlass gemäß Ihren Anordnungen aufgeteilt wird (vgl. dazu unten).

Die Teilungsanordnung ändert nichts an den Bruchteilen, zu denen ein Miterbe am Nachlass beteiligt ist. Erhält also der einzelne Miterbe durch die Zuweisung bestimmter Nachlassgegenstände mehr, als ihm nach seiner Erbquote zusteht, so hat er den Mehrwert gegenüber den Miterben auszugleichen. Wollen Sie, dass keine Ausgleichsansprüche entstehen, müssen Sie dies ausdrücklich bestimmen. Sie haben dann aber den Miterben, die einen höheren Anteil am Nachlass erhalten, als es ihrer testamentarischen Erbquote entspricht, in Höhe des zusätzlichen Anteils ein Vorausvermächtnis zugewandt.

Muster: Teilungsanordnung mit Vorausvermächtnis

Für die Auseinandersetzung treffe ich folgende Teilungsanordnung:

Meine Ehefrau _____ [Vor- und Familiennamen des Miterben einsetzen] erhält das Hausgrundstück _____ [genaue Bezeichnung der Immobilie] und mein Guthaben auf dem Sparbuch _____ bei der _____ Bank [genaue Bezeichnung des Sparbuchs und der Bank].

Meine Tochter _____ [Vor- und Familiennamen des Miterben einsetzen] erhält mein Wertpapierdepot _____ bei der_____ Bank [genaue Bezeichnung des Depots und der Bank].

Mein Sohn _____ [Vor- und Familiennamen des Miterben einsetzen] erhält die Eigentumswohnung _____ [genaue Bezeichnung der Immobilie].

Soweit die einzelnen Nachlassgegenstände einen höheren Wert haben sollten, soll kein Wertausgleich stattfinden.

Achtung: Sind die von Ihnen eingesetzten Erben auch gleichzeitig pflichtteilsberechtigt, müssen Sie darauf achten, dass der jeweils zugewendete Erbteil nicht geringer ist als der Pflichtteilsanspruch. Andernfalls kann der durch den Ausschluss der Ausgleichspflicht benachteiligte Erbe seinen Zusatzpflichtteil verlangen.

Statt selbst nähere Anweisungen zu geben, können Sie auch anordnen, dass die Aufteilung des Nachlasses nach billigem Ermessen eines Dritten erfolgen soll (z.B. ein Testamentsvollstrecker, ein Verwandter oder ein Miterbe). Der Dritte darf in diesem Fall aber keine Wertverschiebungen vornehmen.

Muster: Teilungsanordnung nach billigem Ermessen eines Dritten

Zu meinen Erben setze ich meine Kinder _____ [Vor- und Familiennamen des Erben] und _____ [Vor- und Familiennamen des Erben] zu gleichen Teilen ein. Die Verteilung des Nachlasses unter den Erben erfolgt nach billigem Ermessen meines Bruders _____ [Vor- und Familiennamen einsetzen].

Checkliste: Teilungsanordnung

Ist Ihnen bewusst, dass eine sogenannte Erbengemeinschaft entsteht, wenn Sie mehrere Personen als Erben einsetzen?	[ ]
Ist Ihnen bewusst, dass im Falle einer Erbengemeinschaft der Nachlass gemeinschaftliches Vermögen der Miterben wird und ein Miterbe nicht allein über einzelne Nachlassgegenstände verfügen kann?	[ ]
Wollen Sie in Ihrem Testament bei mehreren Erben Anordnungen über die Aufteilung des Nachlasses treffen (Teilungsanordnung)?	[ ]
Ist Ihnen bewusst, dass Ihre Erben sich über eine Teilungsanordnung bzw. ein Teilungsverbot hinwegsetzen können, wenn Sie sich einig sind?	[ ]
Wollen Sie zur Durchsetzung der Teilungsanordnung bzw. des Teilungsverbots einen Testamentsvollstrecker einsetzen?	[ ]

3.4 Welche weiteren Anordnungen Sie in Ihrer Verfügung von Todes wegen treffen können

Sie können in Ihrem Testament oder im Erbvertrag auch Testamentsvollstreckung anordnen und die Auseinandersetzung unter den Miterben ausschließen.

3.4.1 Sie können Testamentsvollstreckung anordnen

Sie können in Ihrem Testament einen oder mehrere Testamentsvollstrecker ernennen (§ 2197 BGB) und damit sicherstellen, dass Ihre letztwilligen Anordnungen auch tatsächlich ausgeführt werden. Den Umfang der Testamentsvollstreckung können Sie frei bestimmen. Diese können Sie für den gesamten Nachlass anordnen oder für einzelne Nachlassgegenstände beschränken, Sie können sie für alle oder einzelne Erben anordnen und auch zeitlich befristen.

! Die Anordnung der Testamentsvollstreckung kann aus mehreren Gründen sinnvoll sein. So können Sie mit der Anordnung der Testamentsvollstreckung sicherstellen, dass Vermächtnisse erfüllt und Auflagen vollzogen werden. Testamentsvollstreckung ist sinnvoll, wenn eine schwierige Nachlassverwaltung und Auseinandersetzung unter den Erben abzusehen ist. Bei einem größeren und komplizierten Nachlass (wenn ein Unternehmen Teil des Nachlasses ist), können Sie die Verwaltung des Nachlasses und die Auseinandersetzung unter den Erben einer juristisch versierten Person übertragen. Und Sie können, wenn Sie einen Miterben zum Testamentsvollstrecker ernennen (z.B. den überlebenden Ehegatten), diesem eine stärkere Stellung gegenüber den übrigen Miterben einräumen.

Welche Personen Sie als Testamentsvollstrecker benennen können

Zum Testamentsvollstrecker können Sie jede in vollem Umfang geschäftsfähige Person ernennen, wenn diese zur Besorgung ihrer Vermögensangelegenheiten nicht unter Betreuung steht (§ 2201 BGB). Auch Rechtsanwälte, Notare, Wirtschaftsprüfer und Steuerberater können Testamentsvollstrecker sein, ebenso juristische Personen (z.B. Banken, Vermögensverwaltungsgesellschaften) und rechtsfähige Personengesellschaften (z.B. offene Handelsgesellschaften, Kommanditgesellschaften). Auch Miterben, Nacherben für den Vorerben, Vermächtnisnehmer oder durch eine Auflage Begünstigte kommen in Betracht. Dagegen können Sie Behörden oder Behördenmitarbeiter nicht als Testamentsvollstrecker ernennen.

! Wichtig ist, dass Sie eine Person Ihres Vertrauens als Testamentsvollstrecker berufen. Vor allem bei einem komplizierten Nachlass und zerstrittenen Erben ist es auch wichtig, dass der Testamentsvollstrecker fachlich versiert ist. Klären Sie auch vor der Berufung, ob die von Ihnen in Aussicht genommene Person bereit ist, das Amt des Testamtsvollstreckers zu übernehmen. Sinnvoll ist es auch, dass Sie für den Fall, dass die Person nach dem Erbfall das Amt nicht übernimmt bzw. während der Testamentsvollstreckung stirbt, in Ihrer letztwilligen Verfügung einen Ersatztestamentsvollstrecker benennen.

Wie Sie Testamentsvollstreckung anordnen können

Testamentsvollstreckung müssen Sie in Ihrer Verfügung von Todes wegen anordnen. Sie können es nicht einer anderen Person überlassen, ob Testamtsvollstreckung angeordnet wird. In Ihrem Testament bzw. im Erbvertrag müssen Sie auch festlegen, welche Person oder Institution Testamentsvollstrecker sein soll. Sie können auch mehrere Personen gemeinschaftlich als Testamentsvollstrecker oder mehrere Personen, die für einen jeweiligen Aufgabenkreis zuständig sind, einsetzen. Die Ernennung der Person des Testamentsvollstreckers können Sie auch einem Dritten überlassen; Sie können aber auch das Nachlassgericht ersuchen, einen Testamentsvollstrecker zu ernennen.

Muster: Anordnung der Testamentsvollstreckung

Ich ordne Testamentsvollstreckung an. Zum Testamentsvollstrecker bestimme ich _____ [Vor- und Familiennamen einsetzen], ersatzweise _____ [Vor- und Familiennamen des Ersatztestamentsvollstreckers einsetzen].

[Oder]

Ich ersuche das Nachlassgericht, einen Testamentsvollstrecker zu ernennen.

[Oder]

Ich ordne Testamentsvollstreckung an. Meine Schwester _____ [Vor- und Familiennamen einsetzen] wird die Person des Testamentsvollstreckers benennen, ersatzweise, falls sie wegfällt, mein Bruder _____ [Vor- und Familiennamen einsetzen]. Die genannten Personen können sich auch selbst zum Testamentsvollstrecker bestimmen.

In welchem Umfang Sie Testamentsvollstreckung anordnen können

Der Testamentsvollstrecker hat Ihre Verfügungen auszuführen (§ 2203 BGB). Über den Umfang seiner Befugnisse entscheiden Sie durch eine entsprechende Verfügung in Ihrem Testament oder im Erbvertrag. Sie können die Testamentsvollstreckung zeitlich befristen oder auf einzelne Nachlassgegenstände oder einzelne Erben beschränken. Wenn Sie keine besondere Anordnung treffen, erfasst die von Ihnen bestimmte Testamentsvollstreckung den gesamten Nachlass und betrifft alle Erben.

Im Regelfall (und wenn Sie keine besondere Verfügung getroffen haben) soll der Testamentsvollstrecker im Rahmen einer Abwicklungsvollstreckung den geordneten Übergang des Vermögens auf die Erben sicherstellen. Er soll Vermächtnisse erfüllen, Auflagen vollziehen, die Nachlassverbindlichkeiten begleichen und den Nachlass unter den Erben aufteilen.

Muster: Abwicklungsvollstreckung

Ich ordne Testamentsvollstreckung an. Zum Testamentsvollstrecker bestimme ich _____ [Vor- und Familiennamen einsetzen], ersatzweise _____ [Vor- und Familiennamen des Ersatztestamentsvollstreckers einsetzen].

Er soll die Auseinandersetzung unter den Miterben bewirken und für die Erfüllung der Vermächtnisse und die Vollziehung der Auflagen sorgen. Mit der Erledigung dieser Aufgaben endet die Testamentsvollstreckung.

Sie haben auch die Möglichkeit zu verfügen, dass der Nachlass nach Ihrem Tod über längere Zeit unter Testamentsvollstreckung steht (§ 2209 BGB). Eine entsprechende Anordnung kann beispielsweise bei minderjährigen, pflegebedürftigen oder behinderten Erben sinnvoll sein. Die Dauervollstreckung kann zeitlich befristet oder an ein bestimmtes Ereignis (z.B. das Erreichen eines bestimmten Lebensalters des Erben) gebunden sein. Sie endet normalerweise spätestens 30 Jahre nach dem Erbfall (2210 BGB). Sie können allerdings auch anordnen, dass sie bis zum Tod des Erben oder des Testamentsvollstreckers oder bis zum Eintritt eines bestimmten Ereignisses in der Person des einen oder des anderen fortdauern soll (§ 2210 BGB).

Muster: Dauervollstreckung

Zu meinem Alleinerben bestimme ich meine Tochter _____ [Vor- und Familiennamen des Erben einsetzen]. Ich ordne Testamentsvollstreckung an, bis sie das 25. Lebensjahr vollendet hat. Zum Testamentsvollstrecker bestimme ich _____ [Vor- und Familiennamen einsetzen], ersatzweise _____ [Vor- und Familiennamen des Ersatztestamentsvollstreckers einsetzen].

Welche Aufgaben und Befugnisse der Testamentsvollstrecker hat

Der Testamentsvollstrecker hat den Nachlass in Besitz zu nehmen und ihn zu verwalten (§ 2205 BGB). Er hat die von Ihnen für die Verwaltung getroffenen Anordnungen zu befolgen. Ihre Anordnungen können jedoch auf Antrag des Testamentsvollstreckers oder eines anderen Beteiligten (z.B. eines Erben) vom Nachlassgericht außer Kraft gesetzt werden, wenn ihre Befolgung den Nachlass erheblich gefährden würde (§ 2216 BGB). Nur der Testamentsvollstrecker ist berechtigt, über die Nachlassgegenstände zu verfügen. Schenkungen darf er nur vornehmen, soweit es sich um Pflicht- oder Anstandsschenkungen handelt (z.B. Geburtstags- oder Weihnachtsgeschenke). Der Testamentsvollstrecker ist auch berechtigt, Verbindlichkeiten für den Nachlass einzugehen, soweit die Eingehung zur ordnungsgemäßen Verwaltung des Nachlasses erforderlich ist (§ 2206 BGB). Sie können auch anordnen, dass der Testamentsvollstrecker in der Eingehung von Verbindlichkeiten für den Nachlass nicht beschränkt sein soll (§ 2207 BGB).

Im Rahmen der Abwicklungsvollstreckung obliegen dem Testamentsvollstrecker insbesondere die Verteilung des Nachlasses unter den Erben, die Erfüllung von Vermächtnissen, die Vollziehung von Auflagen und die Erfüllung von Nachlassverbindlichkeiten. Er hat einen sogenannten Auseinandersetzungsplan aufzustellen, zu dem die Erben vorab zu hören sind. Zu den Aufgaben des Testamentsvollstreckers gehört auch die Abgabe der Erbschaftsteuererklärung.

Regeln Sie die Vergütung des Testamentsvollstreckers

Soweit Sie in Ihrer letztwilligen Verfügung nichts anderes bestimmt haben, kann der Testamentsvollstrecker für seine Tätigkeit eine angemessene Vergütung verlangen (§ 2221 BGB).

Es ist üblich, dass der Testamentsvollstrecker für die Abwicklungsvollstreckung eine Pauschalsumme erhält. Diese richtet sich nach dem Nachlasswert und liegt bei Vermögen bis 250.000,– € bei 4 %, bei Vermögen bis 500.000,– € bei 3 % und Vermögen bis 2.500.000,– € bei 2,5 % des Nachlasswerts. Bei einer Dauervollstreckung ist es angemessen, dem Testamentsvollstrecker zusätzlich zu dieser Grundvergütung jährlich 0,3 bis 0,5 % des in dem jeweiligen Jahr gegebenen Bruttonachlasswerts oder 2 bis 4 % des jährlichen Rohertrags zu zahlen.

! Um Probleme zu vermeiden und den benannten Testamentsvollstrecker zur Annahme des Amts zu bewegen, sollten Sie mit dem in Aussicht genommenen Testamentsvollstrecker die Höhe der Vergütung in Ihrer letztwilligen Verfügung ausdrücklich festlegen oder mit dem in Aussicht genommenen Testamentsvollstrecker bereits zu Lebzeiten eine entsprechende Vergütungsvereinbarung treffen. Die festgelegte Höhe der Vergütung ist dann verbindlich.

Checkliste: Anordnung der Testamentsvollstreckung

Wollen Sie einen Testamentsvollstrecker bestimmen?	[ ]
Wollen Sie den Testamentsvollstrecker einsetzen, um den Nachlass gemäß Ihren Anordnungen auf Ihre Erben zu verteilen (Abwicklungsvollstreckung)?	[ ]
Wollen Sie den Testamentsvollstrecker einsetzen, damit dieser dauernd den Nachlass verwaltet (Dauervollstreckung)?	[ ]
Wollen Sie die Auswahl des Testamentsvollstreckers einer dritten Person überlassen?	[ ]
Wen wollen Sie zum Testamentsvollstrecker bestimmen?	[ ]

Welche Aufgaben wollen Sie dem Testamentsvollstrecker übertragen?	[]
Wie lange soll die Testamentsvollstreckung dauern?	[]
Wollen Sie die Testamentsvollstreckung zeitlich befristen?	[]
Welche Vergütung soll der Testamentsvollstrecker erhalten?	[]

3.4.2 Sie können die Auseinandersetzung zwischen mehreren Erben ausschließen

Wenn mehrere Personen erben, entsteht mit dem Erbfall eine Erbengemeinschaft. In diesem Fall kann dann jeder Miterbe jederzeit die Auseinandersetzung, das heißt die Aufteilung des Nachlasses, verlangen (§ 2042 BGB). Als Erblasser können Sie allerdings in Ihrem Testament oder in einem Erbvertrag anordnen, dass die Teilung des Nachlasses ausgeschlossen ist (§ 2044 Abs. 1 BGB).

! Ein testamentarisch angeordnetes Teilungsverbot soll häufig gewährleisten, dass der Nachlass im Familienbesitz bleibt und verhindern, dass dessen Wert durch eine vorschnelle Veräußerung gefährdet ist. Nicht selten führt allerdings eine entsprechende Anordnung zu erheblichen Problemen, wenn das Schicksal des Nachlasses auf Jahre oder Jahrzehnte festgelegt ist. Lassen Sie sich deshalb fachlich beraten, bevor Sie eine entsprechende Anordnung treffen.

Den Ausschluss der Auseinandersetzung können Sie auf bestimmte Zeit oder auf Dauer anordnen. Wenn aber seit dem Erbfall 30 Jahre verstrichen sind, wird Ihre Anordnung unwirksam, es sei denn, dass Sie ihn bis zum Eintritt eines bestimmten Ereignisses in der Person eines Miterben, auf den Anfall eines Vermächtnisses oder den Eintritt der Nacherbfolge angeordnet haben (§ 2044 Abs. 2 BGB).

Ein Teilungsverbot können Sie auf den gesamten Nachlass oder auf einzelne Nachlassgegenstände, auf alle Miterben oder auf einzelne anordnen.

Achtung: Wenn Sie testamentarisch ein Teilungsverbot für den gesamten Nachlass oder einzelne Nachlassgegenstände anordnen, hat kein Miterbe gegen die übrigen Miterben einen Anspruch auf Auseinandersetzung. Allerdings können sich die Miterben einvernehmlich über dieses Verbot hinwegsetzen und ungeachtet Ihres Verbots den Nachlass verteilen und Nachlassgegenstände an Dritte veräußern. Wenn Sie das verhindern wollen, Ihnen Ihre Anordnung also so wichtig ist, dass Sie diese auf jeden Fall umgesetzt wissen wollen, müssen Sie eine Testamentsvollstreckung anordnen und den Testamentsvollstrecker anweisen, das Teilungsverbot zu beachten.

Muster: Teilungsverbot für den gesamten Nachlass mit Testamentsvollstreckung

Nach meinem Tod sollen meine drei Kinder _____, _____ und _____ [jeweils Vor- und Familiennamen der Erben einsetzen] jeweils zu gleichen Teilen meine Erben sein. Ersatzerben werden die Abkömmlinge der von mir bestimmten Erben. Ich schließe die Auseinandersetzung unter meinen Erben für die Dauer von _____ Jahren ab dem Zeitpunkt meines Todes aus.

[Oder]

Ich schließe die Auseinandersetzung unter meinen Erben so lange aus, bis mein Sohn _____ [Vor- und Familiennamen des Erben einsetzen] das 25. Lebensjahr vollendet hat. Die Auseinandersetzung soll auch nicht im Einvernehmen aller Erben möglich sein. Ich ordne deshalb Testamentsvollstreckung an. Zum Testamentsvollstrecker bestimme ich _____ [Vor- und Familiennamen einsetzen], ersatzweise _____ [Vor- und Familiennamen des Ersatztestamentsvollstreckers einsetzen].

Aufgabe des Testamentsvollstreckers ist es, die Einhaltung des Teilungsverbots zu überwachen. Die Testamentsvollstreckung endet mit dem Zeitpunkt, in dem den Erben die Auseinandersetzung gestattet ist.

Muster: Teilungsverbot für einen Teil des Nachlasses ohne Testamentsvollstreckung

Nach meinem Tod sollen meine drei Kinder _____, _____ und _____ [jeweils Vor- und Familiennamen der Erben einsetzen] jeweils zu gleichen Teilen meine Erben sein. Ersatzerben werden die Abkömmlinge der von mir bestimmten Erben.

Ich schließe die Auseinandersetzung unter meinen Erben hinsichtlich der im Nachlass befindlichen _____ [konkrete Bezeichnung des Nachlassgegenstands, z.B. Grundbesitz, Wertpapiere] für die Dauer von _____ Jahren aus.

[Oder]

Ich schließe die Auseinandersetzung unter meinen Erben hinsichtlich der im Nachlass befindlichen _____ [konkrete Bezeichnung des Nachlassgegenstands, z.B. Grundbesitz, Wertpapiere] so lange aus, bis mein Sohn _____ [Vor- und Familiennamen des Erben einsetzen] das 25. Lebensjahr vollendet hat.

3.4.3 Sie können familienrechtliche Anordnungen treffen

In Ihrem Testament können Sie auch verschiedene familienrechtliche Anordnungen mit erbrechtlicher Wirkung treffen. In Betracht kommen insbesondere der Entzug des elterlichen Vermögensverwaltungsrechts, Verwaltungsanordnungen und die Benennung eines Vormunds.

Entziehung des elterlichen Vermögensverwaltungsrechts

Als Erblasser können Sie das elterliche Vermögensrecht für Vermögensteile ausschließen, die aus Ihrem Nachlass stammen. Wenn Sie das Vermögenssorgerecht nur einem Elternteil entzogen haben, so verwaltet automatisch der andere Elternteil das Vermögen.

! Sie können den Ausschluss des elterlichen Vermögensverwaltungsrechts auch unter einer Bedingung anordnen oder es zeitlich befristen.

Wenn Sie das Verwaltungsrecht für beide Elternteile ausschließen, muss ein Ergänzungspfleger eingesetzt werden. Die Person des Pflegers können Sie in Ihrem Testament bestimmen.

Muster: Entziehung des elterlichen Vermögensverwaltungsrechts

Ich setze mein minderjähriges Enkelkind _____ [Name und Vorname einsetzen] zu meinem Alleinerben ein.

Den Eltern meines Enkelkindes _____ [Namen und Vornamen der Eltern einsetzen] entziehe ich das Vermögensverwaltungsrecht bezüglich aller Gegenstände, die es von mir von Todes wegen erwirbt.

Als Pfleger zur Ausübung des Verwaltungsrechts bestimme ich _____ [Name und Vorname des vorgeschlagenen Pflegers einsetzen], ersatzweise _____ [Name und Vorname des vorgeschlagenen Ersatzpflegers einsetzen]. Der Pfleger wird von allen gesetzlichen zulässigen Beschränkungen befreit.

Verwaltungsanordnungen

Statt den Eltern das Vermögensverwaltungsrecht zu entziehen, können Sie Anordnungen für diese hinsichtlich der Verwaltung des zugewendeten Vermögens treffen. Auch diese Anordnungen können Sie in Ihr Testament einfügen.

Muster: Verwaltungsanordnung

Meinem Sohn _____ [Name und Vorname einsetzen] entziehe ich das Recht, Zuwendungen an meinen Enkel _____ [Name und Vorname einsetzen] aus der von mir angeordneten Erbschaft für seinen eigenen Lebensunterhalt zu verwenden.

Benennung eines Vormunds

Werden durch den Erbfall (z. B. durch einen Verkehrsunfall der Eltern) minderjährige Kinder elternlos, so erhält ein minderjähriges Kind einen Vormund. Die Eltern haben die Möglichkeit, durch eine sogenannte Sorgerechtsverfügung in ihrem Testament den Vormund zu benennen.

! Mit der Benennung eines Vormunds können die Eltern auch Anordnungen verbinden, wie der Vormund das Vermögen des Kindes zu verwalten hat

---

Muster: Sorgerechtsverfügung

Für den Fall, dass wir _____ [Name und Vorname des Elternteils einsetzen] und _____ [Name und Vorname des anderen Elternteils einsetzen] für unsere minderjährigen Kinder die elterliche Sorge wegen Todes nicht mehr ausüben können, benennen wir folgenden Vormund: _____ [Name und Vorname des vorgeschlagenen Vormunds einsetzen].

Dem Kindeswohl ist so am besten entsprochen, weil _____.

3.5 Wie Sie Ihre Verfügung von Todes wegen ändern oder rückgängig machen können

Eine einmal von Ihnen errichtete Verfügung von Todes wegen ist auch dann wirksam, wenn sich Ihre Lebensumstände geändert haben. Deshalb ist es sinnvoll, dass Sie Ihre erbrechtlichen Anordnungen von Zeit zu Zeit überprüfen und den veränderten Umständen anpassen. Unter Umständen wollen Sie dann auch Ihre Verfügung von Todes wegen vollständig rückgängig machen. Das ist bei einseitigen testamentarischen Verfügungen ohne Weiteres, bei wechselbezüglichen Verfügungen in einem gemeinschaftlichen Testament und vertragsmäßigen Verfügungen in einem Erbvertrag nur unter bestimmten Voraussetzungen möglich.

3.5.1 Wie Sie Ihre testamentarischen Verfügungen ändern und rückgängig machen können

Ihr Testament können Sie jederzeit durch Nachträge, Zusätze oder Streichungen ändern. Beachten Sie allerdings, dass Sie dabei immer die gesetzlich vorgeschriebenen Formen beachten müssen:

- Ergänzungen oder Berichtigungen dürfen Sie nur handschriftlich vornehmen.
- Nehmen Sie unterhalb Ihrer Unterschrift Ergänzungen vor, müssen Sie diese erneut eigenhändig unterschreiben. Andernfalls ist die vorgenommene Berichtigung unwirksam.
- Wenn Sie Änderungen Ihres Testaments auf einem Zusatzblatt vornehmen, müssen Sie Ihre Verfügungen stets eigenhändig unterschreiben.
- Ergänzen Sie Ihr Testament am Rand der Urkunde oberhalb Ihrer Unterschrift, ist die Änderung noch durch Ihre Unterschrift abgedeckt. Gleichwohl sollten Sie sicherheitshalber die entsprechenden Änderungen oder Zusätze nochmals eigenhändig unterschreiben.
- Die Berichtigung von Schreibfehlern stellt keine inhaltliche Änderung Ihres Testaments dar. Sie kann deshalb auch ohne gesonderte Unterschrift vorgenommen werden. Das gilt auch für Streichungen, die Sie im Text vornehmen.

Als Erblasser können Sie Ihr Testament jederzeit ohne Begründung widerrufen und die Erbfolge neu bestimmen (§ 2253 BGB). Ihr Widerrufsrecht erstreckt sich auf einzelne Verfügungen oder auf das gesamte Testament. Auf Ihr Widerrufsrecht können Sie nicht einseitig verzichten; ebenso wenig können Sie sich vertraglich wirksam zum Widerruf verpflichten (§ 2302 BGB).

Ihr Testament bzw. im Testament enthaltene Verfügungen (z.B. Erbeinsetzung, Vermächtnisse) können Sie ausschließlich in den vom

Gesetz vorgegebenen Formen widerrufen. In Betracht kommen der Widerruf durch

- ein neues Testament,
- Vernichtung des Testaments oder Veränderung der Testamentsurkunde,
- Rücknahme des notariellen Testaments aus der amtlichen Verwahrung,
- ein späteres Testament mit abweichendem Inhalt.

Achtung: Bei allen Gestaltungsmöglichkeiten des Widerrufs ist es erforderlich, dass Sie persönlich handeln und testierfähig sind.

Sie können ein neues Testament errichten

Sie können Ihr Testament durch ein neues Testament widerrufen (§ 2254 BGB). Dieses kann sich darauf beschränken, lediglich das alte zu widerrufen, Sie können neben dem Widerruf jedoch auch neue Verfügungen treffen.

Muster: Widerrufstestament

Hiermit widerrufe ich mein am _____ [Datum einsetzen] errichtetes Testament.

[Oder]

Hiermit widerrufe ich mein am _____ [Datum einsetzen] errichtetes Testament und verfüge, dass die gesetzliche Erbfolge gelten soll.

[Oder]

Hiermit widerrufe ich mein am _____ [Datum einsetzen] errichtetes Testament und setze _____ [Vor- und Familiennamen einsetzen] zu meinem Alleinerben ein.

! Ihr Testament, in dem Sie frühere Verfügungen widerrufen, müssen Sie nicht in der gleichen Form errichten, wie das von Ihnen widerrufene Testament. Sie können also auch ein notarielles durch ein eigenhändiges Testament widerrufen.

Sie können die Testamentsurkunde verändern oder vernichten

Ihr Testament können Sie auch dadurch widerrufen, dass Sie die Testamentsurkunde vernichten oder verändern (§ 2255 BGB). Ihr Testament vernichten Sie, indem Sie es zerreißen, verbrennen, zerschneiden. Verändern können Sie es durch Ausradierung, Durchstreichung, Unleserlichmachung. In jedem Fall müssen Sie die Testamentsurkunde persönlich vernichten oder verändern, weil nur Sie wirksam das Testament errichten und widerrufen können.

Achtung: Kein Widerruf liegt vor, wenn Ihr Testament lediglich nicht mehr auffindbar oder beiseitegeschafft worden ist. In diesen Fällen bleibt Ihr Testament gültig.

Sie können Ihr notarielles Testament aus der amtlichen Verwahrung zurücknehmen

Sie können jederzeit Ihr notariell errichtetes Testament aus der amtlichen Verwahrung nehmen. Das Testament darf nur an Sie persönlich zurückgegeben werden. Bei einem gemeinschaftlichen Testament muss es an beide Ehegatten ausgehändigt werden. Wenn Sie Ihr notariell errichtetes Testament allerdings aus der amtlichen Verwahrung nehmen, gilt das automatisch als Widerruf Ihres Testaments (§ 2256 BGB). Auf diese Rechtsfolge sollen Sie bei der Rückgabe aufmerksam gemacht werden.

Achtung: Ihr notarielles Testament gilt durch die Rücknahme aus der amtlichen Verwahrung als widerrufen. Das gilt auch dann, wenn Sie mit der Rücknahme nicht die Absicht eines Widerrufs hatten. Und auch wenn Sie nach der Rückgabe des Testaments dieses unverändert wieder in amtliche Verwahrung geben, wird das Testament nicht mehr gültig.

Wie bereits dargelegt, können Sie auch Ihr eigenhändiges Testament in amtliche Verwahrung geben. Dadurch wird Ihr eigenhändiges Testament aber nicht zu einem notariellen Testament. Es bleibt also auch dann noch wirksam, wenn Sie es aus der amtlichen Verwahrung zurücknehmen.

Sie können Ihr Testament durch ein späteres Testament mit abweichendem Inhalt widerrufen

Durch die Errichtung eines neuen Testaments wird ein älteres Testament insoweit aufgehoben, als das spätere Testament mit ihm in Widerspruch steht (§ 2258 BGB). Von einem Widerspruch ist auszugehen, wenn sich die in den beiden Testamenten getroffenen Anordnungen gegenseitig ausschließen. Aufgehoben sind allerdings nur die sich widersprechenden Anordnungen, während andere Verfügungen in Ihrem früheren Testament weiter gelten.

» In einem Testament haben Sie Ihren Sohn A als Alleinerben eingesetzt und Ihrem Bruder B Ihr Auto vermacht. In einem späteren Testament setzen Sie Ihre Tochter C als Alleinerbin ein. Darüber hinaus enthält Ihr späteres Testament keine Anordnungen. Damit ist Ihre frühere Erbeinsetzung aufgehoben, während das Vermächtnis noch weiter gilt.

Widerrufen Sie das spätere widersprechende Testament, lebt das frühere Testament wieder auf, wie wenn es nicht aufgehoben wäre.

Gemäß dem obigen Beispiel wäre also A testamentarisch als Alleinerbe eingesetzt und B würde das Vermächtnis zustehen.

Es wird empfohlen, in einem späteren Testament im Interesse einer klaren Regelung jeweils alle früheren Verfügungen, die nicht mehr gelten sollen, ausdrücklich aufzuheben. Andernfalls muss durch Auslegung ermittelt werden, ob widersprechende Verfügungen vorliegen. Im Interesse klarer und eindeutiger erbrechtlicher Verfügungen ist es sinnvoll, dass Sie ausdrücklich alle bisherigen Testamente aufheben und in einem neuen Testament insgesamt neue Anordnungen treffen.

Muster: Ausdrückliche Aufhebung früherer letztwilliger Verfügungen

1. Hiermit widerrufe ich alle von mir bisher getroffenen letztwilligen Verfügungen.
2. Ich setze meine Frau _____ [Vor- und Familiennamen des Erben einsetzen] als Alleinerbin ein.
3. Meine Tochter _____ [Vor- und Familiennamen einsetzen] enterbe ich.
4. _____

Mit dem Widerruf enden die Rechtswirkungen Ihres Testaments

Wenn Sie Ihr Testament ganz oder teilweise widerrufen, werden die Verfügungen sofort und unmittelbar aufgehoben. Es gilt dann entweder ein früheres Testament, wenn Sie bereits ein wirksames Testament errichtet haben, oder es gilt gesetzliche Erbfolge.

Achtung: Ihr Widerruf muss aber nicht endgültig sein. Sie können auch den Widerruf widerrufen. In diesem Fall tritt kraft Gesetzes wieder Ihr ursprüngliches Testament in Kraft.

Sie können auch Ihren Widerruf widerrufen

Wenn Sie es bereuen, dass Sie Ihr Testament oder einzelne Verfügungen darin widerrufen haben, können Sie Ihren Widerruf widerrufen (§ 2257 BGB).

Achtung: Ihren Widerruf können Sie nur durch ein Testament widerrufen. Durch den Widerruf wird im Zweifel wieder Ihre ursprüngliche Verfügung wirksam.

3.5.2 Wann und wie Sie Ihre testamentarischen Verfügungen in einem gemeinschaftlichen Testament ändern oder rückgängig machen können

Bei den Möglichkeiten und Formen, testamentarische Verfügungen in einem gemeinschaftlichen Testament aufzuheben, ist zunächst von Bedeutung, ob es sich um einseitige oder wechselbezügliche Verfügungen handelt. Beim Widerruf von wechselbezüglichen Verfügungen ist von Bedeutung, ob dieser zu Lebzeiten der Eheleute oder nach dem Tod eines Ehegatten erfolgt.

Sie wollen einseitige Verfügungen widerrufen

Handelt es sich um einseitige Verfügungen, also Verfügungen, die nicht in einer gewissen Abhängigkeit zueinanderstehen (z.B. die Enterbung gesetzlicher Erben oder Teilungsanordnungen), kann jeder Ehegatte das gemeinschaftliche Testament frei widerrufen. Die Zustimmung des anderen Ehegatten ist nicht erforderlich. Der Widerruf kann vor oder nach dem Tod des anderen Ehegatten erfolgen.

Sie wollen wechselbezügliche Verfügungen zu Lebzeiten der Ehegatten widerrufen

Wechselbezügliche Verfügungen in einem gemeinschaftlichen Testament können die Eheleute zu Lebzeiten jederzeit gemeinsam aufheben. Die Aufhebung kann erfolgen durch ein gemeinschaftliches Widerrufstestament, durch ein widersprechendes gemeinschaftliches Testament, durch gemeinschaftliche Vernichtung des eigenhändigen Testaments oder durch gemeinschaftliche Rücknahme des notariellen Testaments.

Muster: Widerruf wechselbezüglicher Verfügungen

Hiermit widerrufen wir unser am _____ [Datum einsetzen] errichtetes gemeinschaftliches Testament.

Düsseldorf, den _____ (Unterschrift des Ehegatten)

Düsseldorf, den _____ (Unterschrift des anderen Ehegatten)

[Oder]

1. Hiermit widerrufen wir alle von uns bisher getroffenen letztwilligen Verfügungen.

2. Wir, _____ [Vor- und Familiennamen des Ehegatten] und _____ [Vor- und Familiennamen des anderen Ehegatten], setzen uns gegenseitig zu alleinigen und unbeschränkten Erben ein. Erben des Längstlebenden sind unsere gemeinsamen Kinder _____ und _____ [Vor- und Familiennamen der Kinder einsetzen] zu gleichen Teilen.

Düsseldorf, den _____ (Unterschrift des Ehegatten)

Düsseldorf, den _____ (Unterschrift des Ehegatten)

Solange beide Ehegatten leben, kann keiner von ihnen wechselbezügliche Verfügungen im gemeinschaftlichen Testament durch eine Verfügung von Todes wegen einseitig aufheben (§ 2271 Abs. 1 Satz 2 BGB). Zu Lebzeiten beider Partner bleibt einem Ehegatten nur die Möglichkeit, seine wechselbezügliche Verfügung zu widerrufen.

Den Widerruf müssen Sie persönlich gegenüber Ihrem Ehepartner erklären. Die Widerrufserklärung bedarf der notariellen Beurkundung, und zwar auch dann, wenn die Eheleute das gemeinschaftliche Testament eigenhändig errichtet haben. Der Widerruf wird erst wirksam, wenn er dem anderen Ehegatten zugeht. Erforderlich ist, dass dem anderen Ehegatten die Urschrift oder eine Ausfertigung der Widerrufserklärung zugeht. Es ist also nicht möglich, dass hinter dem Rücken des anderen Ehegatten wechselbezügliche Verfügungen widerrufen werden.

Achtung: Der Widerruf der wechselbezüglichen Verfügung hat grundsätzlich die Unwirksamkeit der Verfügung des anderen Ehegatten zur Folge.

» Die Eheleute A und B haben sich durch eine wechselbezügliche Verfügung gegenseitig als Alleinerben eingesetzt. Wenn A die Erbeinsetzung von B formgerecht widerruft, ist seine Erbeinsetzung durch B automatisch aufgehoben.

Sie wollen wechselbezügliche Verfügungen nach dem Tod Ihres Ehegatten widerrufen

Nach dem Tod des Ehegatten kann der andere Ehegatte wechselbezügliche Verfügungen nicht mehr widerrufen (§ 2271 Abs. 1 BGB). Er ist an die wechselbezüglichen Verfügungen im gemeinschaftlichen Testament gebunden und darf keine Anordnungen treffen, die diese Verfügungen beeinträchtigen (z.B. andere Teilungsquoten bestimmen).

! Sie können nach dem Tod Ihres Ehegatten nur dann noch eine wechselbezügliche Verfügung widerrufen, wenn Sie die angefallene Erbschaft form- und fristgerecht ausschlagen (§ 2271 Abs. 2 Satz 1). Sie können die Ausschlagung zur Niederschrift gegenüber dem Nachlassgericht oder in öffentlich beglaubigter Form vor einem Notar erklären. Die Ausschlagungsfrist beträgt sechs Wochen.

3.5.3 Wann und wie Sie Ihre vertragsmäßigen Verfügungen in einem Erbvertrag ändern oder rückgängig machen können

Wie bereits dargelegt, sind vertragsmäßige Verfügungen im Erbvertrag grundsätzlich erbrechtlich verbindlich. Nur ausnahmsweise kann sich deshalb der Erblasser unter sehr engen gesetzlichen Voraussetzungen davon wieder lösen.

! Einseitige Verfügungen im Erbvertrag können Sie jederzeit widerrufen. Sie bedürfen hierzu nicht der Zustimmung Ihres Vertragspartners.

Für Erbverträge zwischen Ehegatten, Lebenspartnern und Verlobten gilt: Die Auflösung der Ehe, des Verlöbnisses bzw. der Lebenspartnerschaft hat wie beim gemeinschaftlichen Testament hinsichtlich der wechselbezüglichen Verfügungen die Unwirksamkeit der vertragsmäßigen Verfügungen beim Erbvertrag zur Folge, es sei denn, dass anzunehmen ist, dass sie auch für einen solchen Fall getroffen worden sind (§ 2077 BGB).

Der Erbvertrag kann aufgehoben werden

Der Erbvertrag kann durch die Vertragspartner auf verschiedene Weise aufgehoben werden:

- durch einen notariell beurkundeten Aufhebungsvertrag,
- durch ein Testament, wenn bei vertragsmäßigen Verfügungen lediglich ein Vermächtnis oder eine Auflage angeordnet ist,
- bei Ehegatten durch ein gemeinschaftliches Testament.

Der Erbvertrag sowie einzelne vertragsmäßige Verfügungen kann von den Personen, die den Erbvertrag geschlossen haben, durch Aufhebungsvertrag aufgehoben werden (§ 2290 BGB). Der Erblasser gewinnt so wieder seine Testierfreiheit zurück und kann seine erbrechtlichen Verfügungen etwaigen neuen Umständen anpassen.

Achtung: Nach dem Tod eines Vertragspartners ist die Aufhebung des Erbvertrags durch einen Aufhebungsvertrag nicht mehr möglich. Stirbt also Ihr Vertragspartner, können Sie als Erblasser Ihre Bindung an Ihre vertragsmäßigen Verfügungen nur noch durch Anfechtung oder durch Rücktritt beseitigen (vgl. unten).

Als Erblasser können Sie den Aufhebungsvertrag nur persönlich schließen. Der Aufhebungsvertrag muss zur Niederschrift eines Notars bei gleichzeitiger Anwesenheit beider Parteien geschlossen werden.

Achtung: Mit dem Aufhebungsvertrag können entweder alle oder nur einzelne Verfügungen von Todes wegen aufgehoben werden. Wird der gesamte Vertrag aufgehoben, sind im Zweifel auch die im Erbvertrag enthaltenen einseitigen Verfügungen aufgehoben.

» Im Erbvertrag haben sich die Eheleute A und B vertragsmäßig gegenseitig als Alleinerben eingesetzt. Als einseitige testamentarische Verfügung wurde den beiden Kindern der Eheleute jeweils ein Vermächtnis beim ersten Erbfall zugewendet. Wenn A und B den Erbvertrag vertraglich aufheben, verlieren auch die Vermächtnisse an die Kinder ihre Gültigkeit.

Enthält der Erbvertrag eine vertragsmäßige Verfügung, die lediglich ein Vermächtnis oder eine Auflage anordnet (nicht eine Erbeinsetzung), können Sie als Erblasser diese durch Testament aufheben (§ 2291 BGB). Dabei können Sie entweder die vertragsmäßige Verfügung ausdrücklich widerrufen oder eine neue widersprechende Verfügung treffen. Voraussetzung für die Wirksamkeit des Aufhebungstestaments ist, dass der andere Vertragspartner diesem zustimmt. Die Zustimmungserklärung des Vertragspartners bedarf der notariellen Beurkundung. Die Zustimmung kann nicht widerrufen werden.

Haben Sie mit Ihrem Ehegatten einen Erbvertrag geschlossen, können Sie diesen durch ein gemeinschaftliches Testament aufheben (§ 2292 BGB). Dabei ist nicht erforderlich, dass die Vertragspartner bereits zum Abschluss des Erbvertrags miteinander verheiratet waren. Das gemeinschaftliche Testament, mit dem der Erbvertrag aufgehoben wird, kann als eigenhändiges oder notarielles gemeinschaftliches Testament errichtet werden.

Sie können vom Erbvertrag zurücktreten

Als Erblasser können Sie vom Erbvertrag zurücktreten, wenn

- Sie sich den Rücktritt im Vertrag ausdrücklich vorbehalten haben,
- Sie sich auf ein gesetzliches Rücktrittsrecht berufen können.

Als Erblasser können Sie von einer vertragsmäßigen Verfügung im Erbvertrag zurücktreten, wenn sich der Bedachte einer Verfehlung schuldig macht, die Sie berechtigen würde, ihm den Pflichtteil zu entziehen (§ 2294 BGB). Allerdings berechtigen nur Verfehlungen, die nach dem Abschluss des Erbvertrags begangen worden sind, zum Rücktritt. Frühere Verfehlungen, die dem Erblasser bei Abschluss des Erbvertrags bekannt waren, haben keine Bedeutung.

Dem Erblasser steht auch dann ein gesetzliches Rücktrittsrecht zu, wenn die Verpflichtung des vertragsmäßig Bedachten, eine Gegenleistung zu erbringen, vor seinem Tod aufgehoben wurde (§ 2295 BGB). Bei der Gegenleistung muss es sich um wiederkehrende Leistungen handeln, zu denen der Bedachte aus einem Rechtsgeschäft verpflichtet ist (z.B. Unterhalts- oder Pflegeleistungen).

Achtung: Nur wenn die Verpflichtung des Bedachten zu Lebzeiten des Erblassers aufgehoben wurde, kommt ein Rücktritt vom Erbvertrag in Betracht; kein Rücktrittsrecht besteht dagegen, wenn der Bedachte seine Leistungspflicht nicht (z.B. wenn er den versprochenen Unterhalt nicht zahlt) oder schlecht erfüllt (z.B. bei nur mangelhafter Pflege) oder mit der Leistung in Verzug ist.

Zu Lebzeiten des Vertragspartners erfolgt der Rücktritt durch persönliche Erklärung des Erblassers gegenüber seinem Vertragspartner (§ 2296 BGB). Die Erklärung bedarf der notariellen Beurkundung. Sie muss, wenn sie in Abwesenheit des Vertragspartners abgegeben wird, diesem in Urschrift oder als Ausfertigung der notariellen Urkunde zugehen.

Nach dem Tod des Vertragspartners kann der Rücktritt vom Erbvertrag nur noch durch Testament ausgeübt werden (§ 2297 BGB). Im Testament muss die vertragsmäßige Verfügung nicht ausdrücklich aufgehoben werden, es genügt, wenn die Aufhebung durch eine neue widersprechende Verfügung erfolgt.

Sie können vertragsmäßige Verfügungen anfechten

Als Erblasser können Sie vertragsmäßige Verfügungen im Erbvertrag in folgenden Fällen anfechten:

- Sie befanden sich beim Abschluss des Erbvertrags im Irrtum oder wurden durch eine Drohung zu dieser Verfügung bestimmt (§§ 2281, 2078 BGB). Als Anfechtungsgründe kommen der Erklärungsirrtum, der Inhaltsirrtum, der Motivirrtum und die Drohung in Betracht.

» In Betracht kommen der Irrtum über Ihre Vermögensverhältnisse, über das Verhalten der eingesetzten Erben oder darüber, dass zwischen Ihnen als Erblasser und dem eingesetzten Erben ein bestimmtes Verwandtschaftsverhältnis besteht. Anfechten können Sie den Erbvertrag auch, wenn Sie die Erbeinsetzung deshalb vorgenommen haben, weil Ihnen das eingesetzte Kind gedroht hat, es würde Sie nicht mehr wie bisher pflegen, wenn Sie es nicht durch eine vertragsmäßige Verfügung im Erbvertrag als Alleinerben einsetzen.

- Sie haben bei Ihrer Verfügung einen Ihnen nicht bekannten oder noch nicht vorhandenen Pflichtteilsberechtigten übergangen (z.B. ein Kind oder einen neuen Ehepartner); §§ 2281, 2079 BGB.

! Liegt einer dieser Gründe vor, können Sie Ihre vertragsmäßige Verfügung im Erbvertrag anfechten. Die Anfechtung müssen Sie innerhalb eines Jahres ab Beendigung der Drohung bzw. ab Kenntnis des Irrtums oder des übergangenen Pflichtteilsberechtigten erklären (§ 2281 BGB). Sie können die Anfechtung nur persönlich erklären. Ihre Erklärung bedarf der notariellen Beurkundung (§ 2282 BGB). Die form- und fristgerechte Anfechtung hat die Unwirksamkeit des Erbvertrags zur Folge.

4 Wenn Sie Ihr Vermögen im Wege der gesetzlichen Erbfolge übertragen wollen

Wie bereits ausgeführt, können Sie als Erblasser Ihr Vermögen grundsätzlich nach Ihrem Belieben durch Verfügungen von Todes wegen (Testament, Erbvertrag) aufteilen. Nur für den Fall, dass Sie keine entsprechenden Verfügungen treffen, bestimmt das Gesetz die Erbfolge. Der gesetzlichen Erbfolge liegt der Gedanke zugrunde, dass Ihr Vermögen innerhalb Ihrer Familie verbleiben soll. Deshalb sind in erster Linie Ihre Verwandten und, wenn Sie verheiratet sind, Ihr Ehegatte zu gesetzlichen Erben berufen.

Achtung: Nur wenn die gesetzliche Erbfolge Ihren Vorstellungen über die Aufteilung Ihres Vermögens nach dem Tod nicht entspricht, müssen Sie ein Testament errichten oder einen Erbvertrag abschließen. Berücksichtigen Sie aber, dass bei der gesetzlichen Erbfolge im Regelfall eine Erbengemeinschaft entsteht. In diesem Fall muss der Nachlass von den Miterben gemeinschaftlich verwaltet und nach Begleichung der Nachlassverbindlichkeiten unter ihnen aufgeteilt werden. In der Praxis führt dies häufig wegen der unterschiedlichen Interessen, die die einzelnen Miterben verfolgen, zu erheblichen Problemen und Streitigkeiten.

4.1 Wann gesetzliche Erbfolge gilt und was sie bedeutet

4.1.1 Wann gesetzliche Erbfolge eintritt

Gesetzliche Erbfolge gilt insbesondere, wenn Sie als Erblasser keine Verfügung von Todes wegen getroffen haben. Sie tritt daneben aber u.a. auch ein, wenn

- Ihre Verfügung nur einen Teil Ihres Vermögens erfasst,
- Ihr Testament (z.B. wegen Formmangels) unwirksam ist,
- eine Verfügung von Todes wegen nicht mehr existiert, weil sie widerrufen oder angefochten wurde,

- zwar ein Testament vorliegt, darin aber kein Erbe eingesetzt wurde,
- der von Ihnen eingesetzte Erbe die Erbschaft ausschlägt.

4.1.2 Welche Prinzipien der gesetzlichen Erbfolge zugrunde liegen

Das gesetzliche Erbrecht will gewährleisten, dass das Vermögen des Erblassers in der Familie verbleiben und dort weitervererbt werden soll. Deshalb werden in erster Linie die Verwandten des Erblassers zu gesetzlichen Erben bestimmt. Nicht zu den Verwandten, wohl aber zur Familie gehört der überlebende Ehegatte des Erblassers. Deshalb wird diesem gesetzlich ein eigenes Erbrecht eingeräumt.

! Machen Sie sich unbedingt mit den Grundsätzen der gesetzlichen Erbfolge vertraut, wenn Sie keine Verfügung von Todes wegen errichten wollen. Das gesetzliche Erbrecht enthält nämlich so manche Überraschung. So ist beispielsweise die irrige Vorstellung weit verbreitet, dass bei kinderlosen Ehepaaren der überlebende Ehegatte Alleinerbe ist. Tatsächlich erben jedoch neben dem Ehegatten noch die Eltern bzw. die Geschwister des Erblassers. Und auch bei Eheleuten mit Kindern hält sich die falsche Vorstellung, dass nach dem Tod eines Ehegatten zunächst der überlebende Ehegatte kraft Gesetzes Alleinerbe ist und erst nach dessen Tod die Kinder erben. Tatsächlich entsteht im Falle des Todes des Ehegatten kraft Gesetzes eine Erbengemeinschaft zwischen dem überlebenden Ehegatten und den Kindern.

4.2 Wann und mit welchem Erbteil die Verwandten erben

Gesetzliche Erben sind zunächst die Verwandten des Erblassers. Bei der Auswahl der Verwandten folgt das Gesetz dem System der Ordnungen (Parentelen). Die Einstufung in eine Ordnung ist davon abhängig, ob die Verwandten vom Erblasser selbst, von seinen Eltern, Großeltern oder Urgroßeltern abstammen. Daraus ergeben sich fünf Ordnungen:

- **Erben der ersten Ordnung:** Abkömmlinge des Erblassers (§ 1924 BGB)
- **Erben der zweiten Ordnung:** Eltern des Erblassers und deren Abkömmlinge (§ 1925 BGB)
- **Erben der dritten Ordnung:** Großeltern des Erblassers und deren Abkömmlinge (§ 1926 BGB)
- **Erben der vierten Ordnung:** Urgroßeltern des Erblassers und deren Abkömmlinge (§ 1928 BGB)
- **Erben der fünften Ordnung:** Ururgroßeltern des Erblassers und deren Abkömmlinge (§ 1929 BGB)

Achtung: Ein Verwandter ist nicht zur Erbfolge berufen, solange ein Verwandter einer vorhergehenden Ordnung vorhanden ist (§ 1930 BGB). Beispielsweise schließen also Kinder des Erblassers als Erben der ersten Ordnung dessen Eltern als Erben der zweiten Ordnung von der Erbfolge aus.

4.2.1 Erben der ersten Ordnung

Erben der ersten Ordnung sind die Abkömmlinge, also die Kinder, Enkel, Urenkel usw. des Erblassers (§ 1924 Abs. 1 BGB).

Erbrecht ehelicher Kinder

Die ehelichen Kinder des Erblassers gehören zu den Erben der ersten Ordnung (§ 1924 BGB). Hinterlässt der Erblasser mehrere Kinder, so erben diese zu gleichen Teilen. Leben außer den Kindern bereits weitere Abkömmlinge, so erben nur die Kinder, nicht die Enkel des Erblassers. Lebende Kinder schließen also ihre eigenen Nachkommen von der Erbfolge aus. Nur wenn ein Kind des Erblassers nicht mehr lebt, erben dessen Abkömmlinge, also die Enkel des Erblassers.

» **Fall 1:** Der geschiedene A hinterlässt seine Kinder B, C und D. Die Kinder erben jeweils ein Drittel.

Fall 2: Der verwitwete A hinterlässt bei seinem Tod seine Tochter B und seine beiden Enkelkinder C und D. B schließt ihre Kinder C und D von der Erbfolge aus. B ist also Alleinerbe geworden. Wenn B vor dem Erbfall verstorben wäre oder sie die Erbschaft ausgeschlagen hätte, würden die Kinder C und D als Verwandte der nachfolgenden Ordnung erben.

Fall 3: Der geschiedene A hinterlässt zwei Kinder B und C. Kind D, das bereits vor dem Erbfall verstorben ist, hinterlässt zwei Kinder, E und F. Es erben B und C jeweils ein Drittel, E und F jeweils ein Sechstel.

Achtung: Auch ein minderjähriges Kind, also ein Kind, das das 18. Lebensjahr noch nicht vollendet hat, kann Erbe sein. Es wird bei der Annahme der Erbschaft durch seine gesetzlichen Vertreter, in der Regel durch die Eltern vertreten.

Erbrecht nichtehelicher Kinder

Gegenüber der Mutter ist das nichteheliche Kind immer erbberechtigt. Beim Erbrecht des nichtehelichen Kindes gegenüber dem Vater kommt es auf das zum Zeitpunkt des Erbfalls jeweils geltende Familienrecht an, das auch für das gesetzliche Erbrecht des nichtehelichen Kindes maßgebend ist.

Für Erbfälle seit dem 1.4.1998 sind nichteheliche Kinder den ehelichen gleichgestellt. Das heißt, auch nichteheliche Kinder haben einen gesetzlichen Anspruch auf alle Teile des Nachlasses und sie werden auch Mitglied einer Erbengemeinschaft.

Eine Ausnahme von dieser Regelung besteht für die alten Bundesländer: Danach gelten vor dem 1.7.1949 geborene nichteheliche Kinder als nicht mit ihrem Vater verwandt und erben deshalb nichts. Mit Urteil vom 28.5.2009 hat der Europäische Gerichtshof für Menschenrechte entschieden, dass vor dem 1.7.1949 geborene nichteheliche Kinder diskriminiert werden, wenn sie von der gesetzlichen

Erbfolge gegenüber dem Vater ausgeschlossen sind. Nach der gesetzlichen Neuregelung haben deshalb vor dem 1.7.1949 geborene Kinder ein gesetzliches Erbrecht, wenn der Vater nach dem 29.5.2009 verstorben ist. Starb der Vater dagegen vor dem 29.5.2009, bleibt es dabei, dass dem vor dem 1.7.1949 geborenen nichtehelichen Kind kein gesetzliches Erbrecht zusteht.

Hatte der Vater des nichtehelichen Kindes am 2.10.1990 seinen gewöhnlichen Aufenthalt in der ehemaligen DDR, sind auch nichteheliche Kinder, die vor dem 1.7.1949 geboren wurden, wie eheliche Kinder zu behandeln und damit erbberechtigt. Nicht von Bedeutung ist der Geburtsort oder der Aufenthaltsort des Kindes.

Erbrecht adoptierter Kinder

Für das Erbrecht von Adoptivkindern muss unterschieden werden, ob eine minderjährige oder eine volljährige Person adoptiert wurde.

Das adoptierte minderjährige Kind erlangt die volle rechtliche Stellung eines leiblichen Kindes. Es erbt also wie ein eheliches Kind. Das Verwandtschaftsverhältnis des adoptierten Kindes zu seinen leiblichen Verwandten erlischt. Das adoptierte Kind erbt also nichts von seinen blutsverwandten Eltern.

Achtung: Wenn das adoptierte minderjährige Kind mit dem Annehmenden im zweiten oder dritten Grad verwandt oder verschwägert ist (z.B. Adoption durch den Onkel oder die Tante), erlischt nur das Verwandtschaftsverhältnis des Kindes und seiner Abkömmlinge zu leiblichen Eltern (§ 1756 Abs. 1 BGB). Das Kind bzw. seine Abkömmlinge sind daher nicht gesetzliche Erben der ersten Ordnung nach den leiblichen Eltern, wohl aber nach den leiblichen Groß- und Urgroßeltern. Und auch wenn ein Ehegatte ein Kind des anderen Ehegatten aus einer früheren, durch Tod aufgelösten Ehe annimmt, bleiben die Verwandtschaftsverhältnisse zu den Verwandten des verstorbenen leiblichen Elternteils erhalten (§ 1756 Abs. 2 BGB). Das Kind und seine Abkömmlinge zählen daher zu den gesetzlichen Erben der ersten Ordnung nach den Eltern und Großeltern des verstorbenen Elternteils.

» Die Eheleute A und B adoptieren das minderjähriges Kind C. Wenn A stirbt, erbt C neben B. Wenn die leiblichen Großeltern von C sterben, ohne weitere Abkömmlinge zu hinterlassen, ist das Kind (wie ein leibliches Enkelkind) Alleinerbe.

Die Annahme eines volljährigen Kindes begründet im Regelfall nur die Verwandtschaft zwischen dem Annehmenden und dem Adoptierten. Die adoptierte Person und ihre Abkömmlinge sind also Erben der ersten Ordnung gegenüber den annehmenden Eltern, nicht aber zu den Verwandten der Annehmenden (z.B. deren Eltern). Die erbrechtlichen Beziehungen zwischen der adoptierten volljährigen Person und ihrer leiblichen Eltern bleiben bestehen. Der adoptierte Erwachsene hat also bezüglich vier Elternteilen ein gesetzliches Erbrecht.

Erbrecht der Stiefkinder

Stiefkinder gehören nicht zu den gesetzlichen Erben des Stiefelternteils. Sie erben nur von ihrem leiblichen Elternteil.

! Wollen Sie als Erblasser nach Ihrem Tod Ihren Stiefkindern etwas zukommen lassen, können Sie diese nur bedenken, indem Sie sie als Erben in Ihrem Testament oder Erbvertrag einsetzen oder ihnen ein Vermächtnis zuwenden.

4.2.2 Erben der zweiten Ordnung

Erben der zweiten Ordnung sind die Eltern des Erblassers (Vater und Mutter) und deren Abkömmlinge (§ 1925 BGB). Sie kommen nur zum Zuge, wenn keine Erben der ersten Ordnung vorhanden sind.

» **Fall 1:** A ist nicht verheiratet und hat keine Kinder. Wenn sie stirbt, erben ihre Eltern und, falls diese nicht mehr leben, ihre Geschwister. Leben auch die Geschwister nicht mehr, erben die Neffen und Nichten oder deren Abkömmlinge.
Leben zur Zeit des Erbfalls beide Eltern, so erben sie allein und zu gleichen Teilen. Lebt ein Elternteil nicht mehr, so

treten an seine Stelle dessen Abkömmlinge. Sind keine Abkömmlinge vorhanden, so erbt der überlebende Elternteil allein. Sind beide Eltern bereits verstorben, so kommen nur deren Abkömmlinge zum Zuge.

Fall 2: Der geschiedene A hinterlässt seine Eltern B und C und seine Brüder D und E. Es erben die Eltern je zur Hälfte. Die Geschwister D und E sind von der gesetzlichen Erbfolge ausgeschlossen.

Fall 3: Der ledige A hinterlässt seinen Vater B und seine Schwestern C und D. Der Vater erbt die Hälfte, die Schwestern je ein Viertel des Nachlasses.

Fall 4: Der ledige A hinterlässt seinen Vater. Abkömmlinge der Eltern sind nicht vorhanden. Der Vater ist in diesem Fall Alleinerbe.

4.2.3 Erben der dritten Ordnung

Erben der dritten Ordnung sind die Großeltern des Erblassers und deren Abkömmlinge (§ 1926 BGB). Leben zur Zeit des Erbfalls die Großeltern väter- und mütterlicherseits, so erben sie allein und zu gleichen Teilen. Lebt zur Zeit des Erbfalls von einem Großelternpaar der Großvater oder die Großmutter nicht mehr, so treten an die Stelle des Verstorbenen dessen Abkömmlinge (Tanten, Onkel). Sind keine Abkömmlinge vorhanden, so fällt der Anteil des Verstorbenen dem anderen Teil des Großelternpaars, und wenn dieser nicht mehr lebt, dessen Abkömmlingen zu. Lebt zur Zeit des Erbfalls ein Großelternpaar nicht mehr und haben die Verstorbenen keine Abkömmlinge, so erben die anderen Großeltern und deren Abkömmlinge allein.

» Der geschiedene A hinterlässt vier Großeltern und eine Tante. Jeder Großelternteil erbt ein Viertel des Nachlasses. Die Tante ist von der gesetzlichen Erbfolge ausgeschlossen, weil alle Großelternteile noch leben.

4.2.4 Erben der vierten und weiterer Ordnungen

Erben der vierten Ordnung sind die Urgroßeltern des Erblassers und deren Abkömmlinge (§ 1928 BGB). Sie erben erst dann, wenn kein Verwandter der vorhergehenden Ordnungen vorhanden ist. Lebt nur noch ein Urgroßelternteil, so erbt er allein und schließt alle Abkömmlinge der anderen vorverstorbenen Urgroßeltern aus.

Achtung: Ist der Erblasser verheiratet, schließt der überlebende Ehegatte ab der vierten Ordnung sämtliche Verwandten von der gesetzlichen Erbfolge aus.

Gesetzliche Erben der fünften und der ferneren Ordnungen sind die entfernteren Verwandten des Erblassers und deren Abkömmlinge (§ 1929 BGB).

4.3 Wann und mit welchem Erbteil der Ehegatte erbt

Neben den Verwandten ist der Ehegatte des Erblassers gesetzlicher Erbe (§ 1931 BGB). Die Höhe seines Erbteils ist davon abhängig, welche Verwandten neben dem Ehegatten gesetzliche Erben sind und in welchem Güterstand die Eheleute gelebt haben.

4.3.1 Voraussetzungen für das Erbrecht des Ehegatten

Stirbt einer der Ehegatten, erbt der andere nur dann, wenn die Ehe zum Zeitpunkt des Todes noch bestand. Das ist insbesondere im Falle einer rechtskräftigen Scheidung nicht der Fall. Wer also rechtskräftig geschieden wurde, hat am Nachlass des verstorbenen Ex-Ehegatten keinen Anteil mehr.

Stirbt ein Ehegatte während des laufenden Scheidungsverfahrens, gilt Folgendes:

- Das Erbrecht des Ehegatten ist ausgeschlossen, wenn zur Zeit des Todes des Erblassers die gesetzlichen Voraussetzungen für die Scheidung gegeben waren und der Erblasser die Scheidung beantragt oder ihr zugestimmt hatte (§ 1933 BGB).

- Hatte nur der überlebende Ehegatte den Scheidungsantrag beim Gericht eingereicht, der Erblasser aber noch nicht zugestimmt, besteht das volle Erbrecht des überlebenden Ehegatten.

Achtung: Die bloße Trennung der Eheleute führt nicht zum Ausschluss des Erbrechts des Ehegatten.

4.3.2 Gesetzlicher Erbteil des Ehegatten

Die Höhe des Erbteils des Ehegatten richtet sich zunächst danach, ob und gegebenenfalls welche Verwandte des Erblassers erben. Danach erbt der Ehegatte wie folgt (§ 1931 Abs. 1 BGB):

- Neben Verwandten der ersten Ordnung (Kinder, Enkel, Urenkel) erbt der Ehegatte zu einem Viertel.
- Neben Verwandten der zweiten Ordnung (Eltern, Geschwister, Neffen, Nichten) oder neben Großeltern ist der Ehegatte zur Hälfte der Erbschaft berufen.
- Leben nicht mehr alle Großeltern oder wird ein Großelternteil aus einem anderen Grund nicht Erbe (z.B. weil er die Erbschaft ausgeschlagen hat), so erhält der überlebende Ehegatte zusätzlich dessen Anteil.
- Sind weder Erben der ersten oder zweiten Ordnung noch Großeltern vorhanden, so erhält der überlebende Ehegatte die ganze Erbschaft.

4.3.3 Einfluss des Güterstands auf den gesetzlichen Erbteil des Ehegatten

Für die Höhe des Erbteils des überlebenden Ehegatten ist auch der Güterstand maßgebend, in dem die Eheleute während ihrer Ehe gelebt haben. Der Güterstand bezeichnet die Vermögensverhältnisse der Eheleute untereinander. Er regelt, wem das Vermögen gehört, welches die Eheleute in die Ehe eingebracht haben, wer dieses verwaltet und wer für eventuelle Schulden haftet. Die praktisch wichtigsten Güterstände sind die Zugewinngemeinschaft und die Gütertrennung.

Erbteil bei Zugewinngemeinschaft

Sofern die Eheleute durch einen Ehevertrag nichts anderes vereinbart haben, leben sie im gesetzlichen Güterstand der Zugewinngemeinschaft. Die Besonderheit dieses Güterstands besteht darin, dass zwar das Vermögen der Eheleute während des Bestehens der Ehe rechtlich getrennt behandelt wird, der während der Ehe von den Ehegatten jeweils erzielte Zugewinn aber nach Beendigung des Güterstands ausgeglichen wird (Zugewinnausgleich).

Bei Beendigung der Ehe durch Tod erfolgt der Zugewinnausgleich dadurch, dass der gesetzliche Erbteil des Ehegatten pauschal um eine bestimmte Quote erhöht wird (sogenannte erbrechtliche Lösung). Der überlebende Ehegatte hat aber auch die Möglichkeit, die Erbschaft auszuschlagen und dafür den konkret berechneten Zugewinnausgleich sowie den kleinen Pflichtteil zu verlangen (sogenannte güterrechtliche Lösung).

Wird der Güterstand durch den Tod eines Ehegatten beendet, so wird der Ausgleich des Zugewinns dadurch verwirklicht, dass sich der gesetzliche Erbteil des Ehegatten (vgl. oben) pauschal um ein Viertel der Erbschaft erhöht, und zwar unabhängig davon, ob überhaupt ein Zugewinn während der Ehe erwirtschaftet wurde und wenn ja, wer diesen erlangt hat (erbrechtliche Lösung, § 1371 Abs. 1 BGB).

Somit erbt der überlebende Ehegatte neben den Erben der ersten Ordnung (Kinder, Enkel, Urenkel) die Hälfte (1/4 gesetzlicher Erbteil + 1/4 pauschaler Zugewinnausgleich) und neben den Erben der zweiten Ordnung (Eltern, Geschwister, Neffen, Nichten) und neben Großeltern drei Viertel des Nachlasses (1/2 gesetzlicher Erbteil + 1/4 pauschaler Zugewinnausgleich). Konkurriert der überlebende Ehegatte ausschließlich mit Erben der dritten Ordnung (Großeltern und deren Abkömmlingen), erhält er den gesamten Nachlass, es sei denn, einzelne Großelternteile lebten noch.

» **Fall 1:** A hinterlässt seine Frau B und seine Kinder C und D. B erbt die Hälfte des Nachlasses; ihr Erbteil von einem Viertel erhöht sich um den pauschalen Ausgleich des Zugewinns um ein weiteres Viertel. Die Kinder C und D erben die andere Hälfte, also jeweils ein Viertel.

Fall 2: A hinterlässt seine Frau und eine Tochter mit drei Kindern. Sein Sohn ist bei einem Autounfall vor Jahren verunglückt; er war verheiratet und hat zwei Kinder. Der überlebende Ehegatte erhält die Hälfte des Nachlasses. Die andere Hälfte geht an die Kinder. Die Tochter erhält ein Viertel; sie schließt ihre Kinder von der gesetzlichen Erbfolge aus.

Das andere Viertel erhalten die beiden Kinder des Sohnes für ihren Vater, also jeweils ein Achtel. Die Schwiegertochter erbt nicht.

Anstelle des pauschalierten Zugewinnausgleichs kann der überlebende Ehegatte die Erbschaft ausschlagen und den konkret berechneten Zugewinnausgleich verlangen (güterrechtliche Lösung). Neben der Ausgleichsforderung auf den Zugewinn steht ihm in diesem Fall außerdem ein Pflichtteilsanspruch zu, der sich nach dem nicht erhöhten gesetzlichen Erbteil bemisst (sogenannter kleiner Pflichtteil). Dieser Pflichtteil beträgt ein Achtel des Nachlasses, wenn neben dem Ehegatten Erben der ersten Ordnung, und ein Viertel des Nachlasses, wenn neben dem Ehegatten Erben der zweiten Ordnung vorhanden sind. Damit kann die Ausgleichsforderung aus der Beendigung der Zugewinngemeinschaft zusammen mit dem Pflichtteil höher sein als der dem überlebenden Ehegatten zustehende gesetzliche Erbteil mit der pauschalen Abgeltung des Zugewinns.

» A und B hatten bei ihrer Eheschließung kein Vermögen. Einen Ehevertrag haben sie nicht abgeschlossen. Es liegt kein Testament vor; es gilt also gesetzliche Erbfolge mit Zugewinnausgleich. Zum Zeitpunkt seines Todes hinterlässt A 200.000,– €. B hat keinen Zugewinn erzielt. A und B haben zwei Kinder.

Nach der erbrechtlichen Lösung erhält B ein Viertel als gesetzliche Erbin und ein weiteres Viertel als pauschaler Zugewinnausgleich, insgesamt also die Hälfte des Nachlasses (= 100.000,– €). Die Kinder erhalten jeweils ein Viertel des Nachlasses.

Nach der güterrechtlichen Lösung kann B die Erbschaft ausschlagen und den Zugewinnausgleich aus dem tatsächlich erzielten Zugewinn verlangen. Danach hat B Anspruch auf die Hälfte des erzielten Zugewinns (= 100.000,– €). Daneben kann sie ihren Pflichtteil in Höhe der Hälfte ihres gesetzlichen Erbteils von einem Viertel, also ein Achtel aus dem Nachlasswert von 200.000,– € (= 25.000,– €) verlangen. Somit erhält A insgesamt 125.000,– € und stellt sich finanziell damit günstiger als beim pauschalierten Zugewinnausgleich.

! Die güterrechtliche Lösung kann für den überlebenden Ehegatten dann sinnvoll sein, wenn der Erblasser während der Ehe einen erheblichen Vermögenszuwachs erzielt hat. In diesem Fall ist die erbrechtliche Lösung für den überlebenden Ehegatten ungünstig, weil der zusätzliche pauschalierte Erbteil von einem Viertel geringer ist als sein Anspruch auf Zugewinn. Bevor der überlebende Ehegatte diesen Weg der »taktischen Ausschlagung« bestreiten möchte, sollte er sich aber in jedem Fall von einem Notar oder fachkundigen Anwalt beraten lassen.

Erbteil bei Gütertrennung

Gütertrennung kann zwischen Eheleuten ausdrücklich vereinbart werden, sie tritt automatisch aber auch dann ein, wenn die Eheleute den gesetzlichen Güterstand der Zugewinngemeinschaft ausgeschlossen oder aufgehoben haben, ohne einen anderen Güterstand zu vereinbaren, oder wenn der Ausgleich des Zugewinns oder der Versorgungsausgleich ausgeschlossen wurde. Bei der Gütertrennung wird das Vermögen der Ehegatten vollständig voneinander getrennt. Das betrifft nicht nur das in die Ehe jeweils eingebrachte, sondern das auch während der Ehe jeweils erworbene Vermögen. Bei der Beendigung der Ehe findet kein Zugewinnausgleich statt. Auch die pauschale Erhöhung des Erbteils des überlebenden Ehegatten um ein Viertel wie bei der Zugewinngemeinschaft gibt es bei der Gütertrennung nicht.

Beim Güterstand der Gütertrennung erbt der überlebende Ehegatte neben Verwandten der ersten Ordnung (Kinder, Enkel, Urenkel) ein Viertel, neben Verwandten der zweiten Ordnung (Eltern, Geschwister, Neffen, Nichten) oder neben Großeltern die Hälfte des Nachlasses. Sind weder Verwandte der ersten oder der zweiten Ordnung noch Großeltern vorhanden, so erbt der überlebende Ehegatte die ganze Erbschaft.

Darüber hinaus gelten folgende Besonderheiten (§ 1931 Abs. 4 BGB): Erben neben dem überlebenden Ehegatten ein oder zwei Kinder des Erblassers als gesetzliche Erben, so erben der überlebende Ehegatte und jedes Kind zu gleichen Teilen. Neben einem Kind erbt also der Ehegatte die Hälfte, neben zwei Kindern ein Drittel. Neben drei und mehr Kindern erbt der überlebende Ehegatte immer ein Viertel, die Kinder teilen sich dann drei Viertel des Nachlasses. Lebt ein Kind nicht mehr, so treten an seine Stelle seine Abkömmlinge.

» **Fall 1:** A hinterlässt seine Frau B und zwei Kinder. B und die beiden Kinder erben jeweils ein Drittel des Nachlasses.
Fall 2: A hinterlässt seine Frau B, drei Kinder und seine Eltern. B und die drei Kinder erben jeweils ein Viertel. Die Eltern des Erblassers sind von der Erbfolge ausgeschlossen.

Fall 3: A hinterlässt seine Frau B und zwei Brüder. Seine Eltern sind bereits verstorben. B erbt die Hälfte des Nachlasses, die beiden Brüder erhalten jeweils ein Viertel.

4.4 Anspruch des Ehegatten auf den »Voraus« und den Dreißigsten

Zusätzlich zu seinem Erbteil und unabhängig vom Güterstand, in dem die Eheleute gelebt haben, steht dem überlebenden Ehegatten der Anspruch auf den sogenannten Voraus zu; das sind die zum ehelichen Haushalt gehörenden Gegenstände, soweit diese nicht Zubehör eines Grundstücks sind, und die Hochzeitsgeschenke.

» Zum Voraus gehören u.a. die Wohnungseinrichtung, die Haushaltswäsche, Fernseh- und Radiogeräte, Gartenmöbel und im Allgemeinen auch der gemeinsam genutzte Familien-Pkw.

Erbt der Ehegatte neben Verwandten der ersten Ordnung, ist der Anspruch des Ehegatten auf den Voraus auf die Gegenstände beschränkt, die zur Führung eines angemessenen Haushalts erforderlich sind.

Der Erbe ist verpflichtet, Familienangehörigen, die zur Zeit des Todes des Erblassers zu dessen Hausstand gehörten und von ihm Unterhalt bezogen haben, in den ersten 30 Tagen nach dem Eintritt des Erbfalls in demselben Umfang Unterhalt und die Benutzung der Wohnung und der Haushaltsgegenstände zu gewähren, wie dies der Erblasser getan hat (sogenannter Dreißigster). Zum anspruchsberechtigten Personenkreis gehören der überlebende Ehegatte, der Partner einer nichtehelichen Lebensgemeinschaft, minderjährige und volljährige Kinder sowie Pflegekinder.

5 Wie Sie zu Lebzeiten Vermögenswerte übertragen können

Es gibt viele gute Gründe dafür, dass Sie sich bereits zu Lebzeiten von Vermögensteilen trennen, und diese auf andere Personen, insbesondere Ihre gesetzlichen Erben, im Wege der vorweggenommenen Erbfolge übertragen. Für die Übertragung von Vermögenswerten zu Lebzeiten spricht insbesondere, dass Sie Vermögen auf die Nachfolgegenerationen zu einem Zeitpunkt übertragen, zu dem diese es benötigen (z.B. für den Hausbau oder die Familiengründung). Ferner entlasten Sie sich von der Verwaltung des Vermögens. Wenn Sie Ihr Vermögen rechtzeitig übertragen, können Sie die Pflichtteilsbelastung Ihrer Erben reduzieren und bei größerem Vermögen können Sie Ihre Erben finanziell entlasten, indem Sie die persönlichen Freibeträge optimal ausnutzen.

Gegen die Vermögensübergabe zu Lebzeiten spricht insbesondere, dass Sie Ihr Vermögen und das Verfügungsrecht darüber verlieren, und zwar auch dann, wenn Sie sich die Nutzung vorbehalten oder sich im Gegenzug Versorgungsansprüche zusichern lassen. Und mit der vorzeitigen Vermögensübertragung sinkt zwangsläufig Ihr Einfluss, die Entwicklung von Lebensumständen Ihrer Familienmitglieder zu steuern. Und schließlich ist zu berücksichtigen, dass die Übertragung von Vermögenswerten zu Lebzeiten zum Teil höhere Kosten verursacht als eine Vermögensübertragung im Wege der Erbfolge.

! Ob Sie sich bereits zu Lebzeiten von Vermögensteilen trennen, ist allein Ihre persönliche Entscheidung. Maßgebend hierfür sollte immer Ihre individuelle Lebenssituation sein. Deshalb ist es auch wichtig, dass trotz Vermögensübergabe Ihre wirtschaftliche Versorgung immer gewährleistet ist.

Für die Übertragung von Vermögen zu Lebzeiten stehen Ihnen verschiedene Formen zur Verfügung. In Betracht kommen insbesondere die Schenkung, daneben die Ausstattung und ehebedingte Zuwendungen.

5.1 Sie können Vermögenswerte zu Lebzeiten verschenken

Wenn Sie sich dazu entschließen, Vermögenswerte zu Lebzeiten zu verschenken, sollte Sie unbedingt berücksichtigen, dass Sie nur in seltenen Ausnahmefällen eine Schenkung wieder zurückfordern können.

5.1.1 Wie Sie wirksam Vermögenswerte verschenken können

Die Schenkung ist ein Vertrag zwischen dem Schenker und dem Beschenkten; beide Vertragspartner sind sich einig, dass ein Gegenstand oder ein Recht unentgeltlich übertragen wird (§ 516 BGB).

Bei einer Schenkung, die sofort vollzogen wird (sogenannte Handschenkung), bei der also das Eigentum am geschenkten Gegenstand sofort auf den Beschenkten übergeht, müssen Sie keine besondere Form beachten. Die Schenkung ist mit der Übergabe des Geschenks wirksam. Zum Beispiel: Sie schenken Ihrem Enkelkind 100,– € oder zu Weihnachten eine Puppe.

Dagegen bedarf ein Schenkungsversprechen zu seiner Wirksamkeit der notariellen Beurkundung (§ 518 BGB). Andernfalls ist es unwirksam. Wird aber das Geschenk gleichwohl an den Beschenkten übergeben, ist die Schenkung auch ohne notarielle Beurkundung wirksam.

» A verspricht seiner Tochter ein Auto, wenn Sie erfolgreich ihr Studium abschließt. Ohne notarielle Beurkundung dieses Schenkungsversprechens hat die Tochter keinen Anspruch auf das Geschenk. Erfüllt A allerdings sein Versprechen, ist das Schenkungsversprechen wirksam, der Formmangel also geheilt.

Achtung: Bei Grundstücksschenkungen muss immer auch der Übergabevertrag notariell beurkundet werden (§ 311b BGB). Ferner ist zur Wirksamkeit des Eigentumswechsels die Eintragung des Beschenkten im Grundbuch erforderlich.

Eine Sonderform der Schenkung ist eine solche unter Auflagen. In diesem Fall schenken Sie dem Beschenkten einen Gegenstand, der Beschenkte seinerseits ist allerdings verpflichtet, die von Ihnen geforderte Auflage zu vollziehen (§ 525 BGB).

» Sie schenken Ihrem Kind Ihre Wertpapiere und vereinbaren als Gegenleistung, dass das Kind Sie pflegt. Sie schenken Ihrem Bruder Ihr Haus und behalten sich ein Wohnrecht vor.

Seine Verpflichtung aus der Auflage braucht der Beschenkte erst dann zu erfüllen, wenn Sie die Schenkung vollzogen haben. Erfüllt er danach seine Verpflichtungen nicht, können Sie die Herausgabe des Geschenks verlangen.

Besondere gesetzliche Regelungen gelten auch für sogenannte Pflicht- und Anstandsschenkungen. Darunter sind Schenkungen zu verstehen, durch die einer sittlichen Pflicht oder einer auf den Anstand zu nehmenden Rücksicht entsprochen wird (§ 534 BGB). Dazu gehören beispielsweise Geburtstags- und Weihnachtsgeschenke, Unterhaltsleistungen an bedürftige Geschwister, nicht aber Geldzahlungen für die Pflege durch nahe Angehörige oder ungewöhnliche Schenkungsgegenstände wie z.B. die Schenkung einer Immobilie.

Achtung: Pflicht- und Anstandsschenkungen können Sie nicht zurückfordern oder widerrufen (vgl. unten).

Problematisch sind sogenannte gemischte Schenkungen. Dabei vereinbaren Sie bei der Schenkung, dass der Beschenkte bestimmte Gegenleistungen zu erbringen hat, die geringer sind als der Wert der Zuwendung.

» Sie übertragen Ihr Hausgrundstück an Ihr Kind gegen Zahlung von 100.000,– €, während der Verkehrswert der Immobilie 300.000,– € beträgt.

Bei einer gemischten Schenkung gibt es immer einen entgeltlichen (Gegenleistung des Beschenkten) und einen unentgeltlichen Teil (Schenkung). Deshalb können Sie den Schenkungsgegenstand bei grobem Undank des Beschenkten (vgl. dazu unten) nur zurückfordern, wenn der unentgeltliche Teil des Vertrags überwiegt (wie im obigen Beispiel: Der entgeltliche Teil des Vertrags umfasst 100.000,– €, der unentgeltliche Teil 200.000,– €). Bei Verarmung des Schenkers (vgl. dazu unten) besteht lediglich ein Geldanspruch, der Schenkungsgegenstand kann also nicht zurückgefordert werden.

! Schenkungszusagen in einem gemischten Vertrag bedürfen zu ihrer Wirksamkeit immer der notariellen Beurkundung (§ 518 BGB). Lassen Sie sich deshalb über die besonderen Rechtsfolgen bei gemischten Schenkungen unbedingt vom Notar belehren.

5.1.2 Welche erbrechtlichen Konsequenzen Schenkungen haben

Wie bereits ausgeführt, haben pflichtteilsberechtigte Personen Anspruch auf Pflichtteilsergänzung, wenn der Erblasser Schenkungen in den letzten zehn Jahren vor dem Erbfall gemacht hat. Die Schenkungen werden dem Nachlass hinzugerechnet. Sie erhöhen also den Wert des Nachlasses und den Pflichtteilsanspruch anderer Pflichtteilsberechtigter.

Sie können bei einer Schenkung bestimmen, dass ein beschenkter Pflichtteilsberechtigter sich Ihre Zuwendung auf seinen Pflichtteil anrechnen lassen muss (§ 2315 BGB). Der Wert der Zuwendung wird dann bei der Bestimmung des Pflichtteils dem Nachlass hinzugerechnet. Maßgebend für den Wert der Zuwendung ist der Zeitpunkt, zu dem sie erfolgt. Die Berechnung geschieht wie folgt: Der Wert des Geschenks wird dem Nachlass zugerechnet. Aus dem erhöhten Nachlass wird der Pflichtteil berechnet und der Wert des Geschenks wieder abgezogen. Durch die Anrechnung verringert sich der Pflichtteil des Beschenkten um den Wert der erhaltenen Zuwendung. Dies kommt Ihren Erben als Schuldner des Pflichtteils zugute.

! Die Pflichtteilsanrechnung müssen Sie gegenüber dem Beschenkten erklären. Die Erklärung muss vor oder gleichzeitig mit der Zuwendung erfolgen. Nachträgliche einseitige Anordnungen (z.B. in Ihrem Testament) sind nicht mehr möglich. Sie können auch einen niedrigeren Wert, der auf den Pflichtteil angerechnet werden soll, bestimmen.

Muster: Anrechnung der Zuwendung auf den Pflichtteil

Der Erwerber hat sich den Wert der Zuwendung auf seinen Pflichtteil, der ihm gegenüber dem Veräußerer zusteht, anrechnen zu lassen.

[Oder]

Der Erwerber hat sich die Hälfte des Werts der Zuwendung auf seinen Pflichtteil, der ihm gegenüber dem Veräußerer zusteht, anrechnen zu lassen.

Wie bereits ausgeführt, können Sie sich im Rahmen eines Erbvertrags durch vertragsmäßige Verfügungen binden. Rechtlich gebunden sind Sie allerdings grundsätzlich nur in erbrechtlicher Hinsicht. Eine vertragsmäßige Verfügung im Erbvertrag hindert Sie also grundsätzlich nicht daran, zu Lebzeiten über Ihr Vermögen zu verfügen (§ 2286 BGB). Entsprechendes gilt, wenn Sie und Ihr Ehegatte sich in einem gemeinschaftlichen Testament durch wechselbezügliche Verfügungen gegenseitig als Erben eingesetzt haben und dritte Personen (in der Regel die gemeinsamen Kinder) als Schlusserben.

Die vertragsmäßige Einsetzung eines Erben durch einen Erbvertrag oder die wechselbezügliche Einsetzung von Schlusserben in einem gemeinschaftlichen Testament hindern Sie zwar nicht, zu Lebzeiten Ihr Vermögen oder Vermögensteile zu verschenken, haben Sie jedoch in der Absicht eine Schenkung gemacht, den durch Erbvertrag eingesetzten Erben bzw. den im gemeinschaftlichen Testament eingesetzten Schlusserben zu beeinträchtigen, so kann der Vertragserbe bzw. der Schlusserbe die Herausgabe der Schenkung vom Beschenkten verlangen, wenn ihm die Erbschaft angefallen ist (§ 2287 BGB).

» A hat seinen Sohn B in einem Erbvertrag durch eine vertragsmäßige Verfügung zum Alleinerben eingesetzt. Weil A mit dem Verhalten des B nicht einverstanden ist, schenkt er einen Teil seines Vermögens seinem Bruder C, um B zu »bestrafen«. In diesem Fall liegt eine Beeinträchtigungsabsicht vor. B kann nach dem Anfall der Erbschaft von C die Herausgabe der Schenkung verlangen. Wenn die Herausgabe des Geschenks nicht mehr in Natur möglich ist, muss C den Wert der Schenkung ersetzen.

! Wie bei der Schenkung können Sie auch bei der Ausstattung bestimmen, dass die Zuwendungen auf den Pflichtteil angerechnet werden.

5.1.3 Welche steuerlichen Konsequenzen Schenkungen haben

Schenkungen sind schenkungsteuerpflichtig. Wenn sich der Beschenkte verpflichtet, bestimmte Gegenleistungen zu erbringen oder Auflagen zu erfüllen, kann dies zu einer Reduzierung der Steuerlast führen.

! Die dem Steuerpflichtigen zustehenden Steuerfreibeträge können alle zehn Jahre neu ausgeschöpft werden.

Innerhalb der Verwandtschaft bestehen je nach Nähe zum Schenkenden unterschiedliche Steuerklassen und Steuerfreibeträge, zum Beispiel zwischen Großeltern und Enkelkindern oder Schwiegereltern zu Schwiegerkindern. Gelegentlich wird versucht, steuerungünstige Schenkungen durch Einschaltung von Zwischenpersonen optimaler zu gestalten (sogenannte Kettenschenkungen). Es werden dann Zwischenpersonen eingeschaltet, wenn die unmittelbare Schenkung für den anderen Beschenkten steuerlich ungünstig ist.

» Wenn A seinem Schwager bei finanziellen Schwierigkeiten helfen und ihm 100.000,– € schenken will, würde dem Schwager ein Steuerfreibetrag von 20.000,– € zustehen. Die restlichen 80.000,– € müsste er mit 30 % versteuern und somit Schenkungsteuer von 24.000,– € an das Finanzamt zahlen. Würde A die 100.000 seiner Ehefrau schenken und diese das Geld dann an ihren Bruder weiterverschenken, würde für die Schenkung an die Ehefrau wegen des Freibetrags keine Schenkungsteuer anfallen. Für die Schenkung der Ehefrau an ihren Bruder würde der Freibetrag 20.000,– €, für die restlichen 80.000,– € würde der Steuersatz aber nur 15 % betragen. Es fallen also nur 12.000,– € Schenkungsteuer an.

Wenn Sie steuerliche Vorteile in diesem Sinne nutzen wollen, müssen Sie verhindern, dass die beiden Schenkungen vom Finanzamt als steuerlicher Gestaltungsmissbrauch betrachtet werden. Das Finanzamt darf nicht den Eindruck gewinnen, dass es sich lediglich um eine andere Gestaltung eines geplanten einheitlichen Übertragungsvorgangs, beispielsweise vom Schenker auf den Schwager, handelt. Deshalb sollten Sie Folgendes beachten:

- Die Schenkung muss vorbehaltlos erfolgen. Sie dürfen also nicht bei der ersten Schenkung dem Beschenkten aufgeben, den Schenkungsbetrag an eine andere Person weiterzuleiten.

- Vermeiden Sie die Übertragung identischer Beträge. Es sollte also beim zweiten Schenkungsvorgang nicht der gleiche Betrag wie bei der ersten Schenkung weitergeschenkt werden.
- Vermeiden Sie einen engen zeitlichen Zusammenhang zwischen den einzelnen Schenkungen. Lassen Sie also zwischen den einzelnen Schenkungsvorgängen einige Monate verstreichen.

5.1.4 Wann Sie eine Schenkung zurückfordern können

Mit der Schenkung geht der geschenkte Vermögensgegenstand in das Vermögen des Beschenkten über. Eine Rückforderung der Schenkung ist nur in seltenen Ausnahmefällen möglich. Deshalb ist es sinnvoll, dass Sie sich im Schenkungsvertrag vertragliche Rückforderungsansprüche vorbehalten.

Sie können die Schenkung wegen Notbedarfs zurückfordern

Soweit Sie als Schenker nach der Schenkung nicht mehr in der Lage sind, Ihren angemessenen Unterhalt zu bestreiten oder Ihren Verwandten, Ihrem Ehegatten oder Lebenspartner oder Ihrem früheren Ehegatten oder Lebenspartner gegenüber Ihre Unterhaltspflicht zu erfüllen, können Sie die Schenkung zurückfordern (§ 528 BGB). Keine Voraussetzung ist, dass die Schenkung der Grund für den Notbedarf des Schenkers ist. Der Beschenkte kann die Rückgabe des Geschenks durch Zahlung des für den Unterhalt erforderlichen Betrags abwenden.

» A hat seinem Sohn B vor sechs Monaten seine Eigentumswohnung überschrieben. Nach einem schweren Unfall ist A pflegebedürftig und wird ins Pflegeheim eingewiesen. Die Pflegekosten kann er aus seinem sonstigen Vermögen nicht bestreiten. A kann von B die Rückübertragung der Eigentumswohnung verlangen. B kann die Rückgabe abwenden, indem er die Pflegekosten übernimmt. Gegebenenfalls kann der Anspruch des A gegen B auch durch das Sozialamt geltend gemacht werden.

Das Rückforderungsrecht ist ausgeschlossen, wenn der Schenker seine Bedürftigkeit vorsätzlich oder durch grobe Fahrlässigkeit herbeigeführt hat oder wenn zur Zeit des Eintritts der Bedürftigkeit seit der Leistung des geschenkten Gegenstands zehn Jahre verstrichen sind (§ 529 BGB).

» A hat ihr Hausgrundstück an ihre Tochter B übertragen. Ihr restliches Vermögen verspielt sie im Spielkasino. A hat ihre Bedürftigkeit selbst verschuldet. Sie kann von ihrer Tochter nicht verlangen, dass sie das Hausgrundstück zurücküberträgt.

Sie können die Schenkung wegen groben Undanks widerrufen

Sie können Ihre Schenkung widerrufen, wenn sich der Beschenkte durch eine schwere Verfehlung gegen Sie oder einen nahen Angehörigen von Ihnen groben Undanks schuldig gemacht hat (§ 530 BGB).

» Grober Undank liegt beispielsweise bei einer körperlichen Misshandlung, einer grundlosen Strafanzeige oder schweren Beleidigungen vor. Auch wenn der Beschenkte grundlos einen Antrag auf Betreuung des Schenkers stellt, kann grober Undank vorliegen. Keine schwere Verfehlung des Beschenkten liegt vor, wenn der Beschenkte die Erwartungen des Schenkers nicht erfüllt und Kinder zu ihren Eltern keinen regelmäßigen Kontakt pflegen.

Der Widerruf erfolgt durch Erklärung gegenüber dem Beschenkten. Nach dem Widerruf kann der Schenker die Herausgabe des Geschenks verlangen (§ 531 BGB).

Der Widerruf der Schenkung ist ausgeschlossen, wenn der Schenker dem Beschenkten verziehen hat oder wenn seit dem Zeitpunkt, ab dem der Schenker von seinem Widerrufsrecht Kenntnis erlangt hat, ein Jahr verstrichen ist (§ 532 BGB).

Sie können sich vertraglich ein Rückforderungsrecht vorbehalten

Wie Sie sehen, können Sie nur in seltenen Fällen eine Schenkung zurückfordern. Deshalb kann es sinnvoll sein, wenn Sie sich im Schenkungsvertrag ein vertragliches Rückforderungsrecht vorbehalten. Typische Fälle, für die sich der Schenker ein vertragliches Rückforderungsrecht vorbehalten kann, sind insbesondere, dass

- der Erwerber vertraglich vereinbarte Gegenleistungen nicht erbringt.
- der Gegenstand der Schenkung vom Beschenkten ganz oder teilweise ohne Zustimmung des Schenkers veräußert oder belastet wird,
- der Beschenkte vor dem Schenker stirbt,
- der (kinderlose) Beschenkte vor seinen Geschwistern stirbt,
- die Ehe zwischen dem Schenker und dem Beschenkten geschieden wird,
- das Insolvenzverfahren über das Vermögen des Beschenkten eröffnet wird.

Muster: Vertragliches Rückforderungsrecht

Der Schenker ist berechtigt, die Rückforderung von _____ [konkrete Bezeichnung des Gegenstands der Zuwendung] auf sich zu verlangen, wenn

a) der Gegenstand der Schenkung von dem Beschenkten ganz oder teilweise ohne die vorherige Zustimmung des Schenkers veräußert oder belastet wird,

b) Zwangsmaßnahmen in das übertragene Vermögen betrieben werden,

c) über das Vermögen des Beschenkten das Insolvenzverfahren eröffnet wird,

d) der Beschenkte vor dem Schenker verstirbt,

e) die Ehe zwischen dem Schenker und dem Beschenkten geschieden wird.

Das Rücktrittsrecht kann nur innerhalb von drei Monaten von dem Zeitpunkt an ausgeübt werden, von welchem der Schenker von den Tatsachen Kenntnis erhält, die ihn berechtigen, sein Rücktrittsrecht auszuüben.

Das Verlangen auf Rückübertragung kann nur schriftlich ausgeübt werden.

Das Rücktrittsrecht erlischt mit dem Tod des Schenkers.

5.1.5 Welche Gegenleistungen Sie mit dem Beschenkten vereinbaren können

Sie haben die Möglichkeit, eine Schenkung von einer Gegenleistung des Beschenkten abhängig zu machen. Das kommt insbesondere in Betracht, wenn Sie einem gesetzlichen Erben im Wege der vorweggenommenen Erbfolge Vermögen zu Lebzeiten übertragen, die nicht bedachten anderen Erben aber wirtschaftlich gleichstellen wollen. Und bei der schenkweisen Übertragung einer Immobilie kann es sinnvoll sein, dass Sie sich in diesem Zusammenhang auch von noch bestehenden Restschulden befreien wollen.

Schenkung gegen Erb- und Pflichtteilsverzicht

Wenn Sie Ihren gesetzlichen Erben (insbesondere Ihren Kindern) bereits zu Lebzeiten Vermögenswerte übertragen, verlieren diese nicht automatisch ihr gesetzliches Erb- und Pflichtteilsrecht. Deshalb kann es notwendig sein, gesetzliche Erben, die bereits durch eine Schenkung ihren Erbteil erhalten haben, aus dem Kreis der gesetzlichen Erben auszuschließen. Als Gegenleistung für eine Schenkung kann dann ein Erb- und Pflichtteilsverzicht vereinbart werden.

Verwandte sowie der Ehegatte des Erblassers können durch Vertrag mit dem Erblasser auf ihr gesetzliches Erbrecht verzichten. Der Verzichtende ist dann von der gesetzlichen Erbfolge ausgeschlossen, wie wenn er zur Zeit des Erbfalls nicht mehr lebte. Er hat auch kein Pflichtteilsrecht. Der Verzicht kann aber auf das Pflichtteilsrecht beschränkt werden (§ 2346 BGB). In diesem Fall wird nur der gesetzliche Anspruch auf den Pflichtteil aufgegeben, der Erblasser kann aber den Verzichtenden dennoch im Testament als Erbe oder Miterbe einsetzen.

Der Erb- und Pflichtteilsverzicht kann sich auch auf einen Bruchteil des Nachlasses beschränken, nicht aber auf einzelne Nachlassgegenstände.

! Der Erb- und Pflichtteilsverzicht erfolgt durch Vertrag. Der Verzichtsvertrag ist nur wirksam, wenn er notariell beurkundet wurde.

Muster: Erb- und Pflichtteilsverzicht

A als Verzichtender verzichtet hiermit für sich und seine Abkömmlinge gegen B als Erblasser auf sein gesetzliches Erb- und Pflichtteilsrecht. B verpflichtet sich, an den Verzichtenden eine Abfindung in Höhe von _____ Euro zu zahlen.

Der Verzicht erfolgt unter der aufschiebenden Bedingung, dass der Erblasser dem Verzichtenden die Abfindung zahlt. B nimmt den Verzicht an.

Ist der Verzichtende ein Abkömmling oder ein Seitenverwandter des Erblassers, so erstreckt sich der Verzicht, wenn nichts anderes bestimmt wird, auch auf deren Abkömmlinge. Grundsätzlich scheidet also der gesamte Stamm des Verzichtenden aus der gesetzlichen Erbfolge aus (§ 2349 BGB).

Achtung: Unter Eheleuten im gesetzlichen Güterstand der Zugewinngemeinschaft erstreckt sich ein Erbverzicht nicht automatisch auf den Anspruch auf Zugewinnausgleich. Trotz Erbverzicht kann also der Ehegatte den konkret errechneten (güterrechtlichen) Zugewinnausgleich verlangen.

Schenkung gegen Ausgleichszahlungen

Wenn Sie Ihre Erben wirtschaftlich gleich bedenken wollen, können Sie den Beschenkten im Schenkungsvertrag verpflichten, an die übrigen Erben Ausgleichszahlungen zu leisten.

» Sie verschenken an Ihr Kind A eine Eigentumswohnung mit einem Verkehrswert von 200.000,– € und verpflichten A, an Ihr anderes Kind eine Ausgleichszahlung in Höhe von 100.000,– € zu leisten. Die Ausgleichsleistung ist nicht als Zuwendung des Kindes A an B anzusehen, sondern ist Teil Ihrer Leistung an Ihre Kinder. Unter schenkungsteuerlichen Gesichtspunkten ist das im Regelfall günstiger.

Muster: Ausgleichszahlung

Der Erwerber verpflichtet sich, an seine Schwester (A) _____ [Vor- und Familiennamen der Schwester einsetzen] unter Anrechnung auf deren Pflichtteil am künftigen Nachlass des Übergebers einen Geldbetrag in Höhe von _____ Euro zu zahlen. Die Zahlung ist nach der Eigentumsumschreibung des Grundstücks _____ [konkrete Bezeichnung des Grundstücks] im Grundbuch fällig.

A ist berechtigt, die Abfindungszahlung nach Fälligkeit unmittelbar gegen den Erwerber geltend zu machen.

Schenkung gegen Übernahme von Grundschulden und Verbindlichkeiten

Wenn Sie eine Immobilie übertragen, auf der noch Grundschulden lasten, können Sie mit dem Beschenkten vereinbaren, dass dieser die Grundschulden übernimmt.

Muster: Übertragung von Grundschulden

Der Erwerber übernimmt anstelle des Übergebers die am Vertragsgegenstand in Abteilung III eingetragene Grundschuld über _____ Euro in dinglicher und persönlicher Hinsicht.

Wenn Sie sich von den Restschulden einer Immobilie befreien wollen, können Sie mit dem Beschenkten vereinbaren, dass dieser mit schuldbefreiender Wirkung in das Schuldverhältnis mit dem Gläubiger eintritt (§ 414 BGB). Dies bedarf der Genehmigung des Gläubigers (§ 415 Abs. 1 BGB).

! Verweigert der Gläubiger seine Genehmigung, können Sie mit dem Beschenkten vereinbaren, dass dieser im Innenverhältnis im Wege der Erfüllungsübernahme die Schuld zu tragen hat (§ 415 Abs. 3 BGB).

5.1.6 Wie Sie Ihre Lebensstellung absichern können

Wenn Sie Vermögen zu Lebzeiten verschenken, geht der geschenkte Gegenstand in das Vermögen des Beschenkten über. Sie verlieren das Eigentum daran und damit jede Möglichkeit, darüber zu verfügen. Achten Sie deshalb darauf, dass Sie trotz Schenkung Ihre eigene Lebensstellung nicht gefährden, und berücksichtigen Sie dabei auch eine etwaige Pflegebedürftigkeit im Alter.

Schenkung gegen Einräumung von Nutzungsvorbehalten

Sie können sich bei der Übergabe von Vermögen die Nutzung des Schenkungsgegenstands vorbehalten. Als Nutzungsvorbehalte kommen der Nießbrauch, das Wohnungsrecht und das Wohnrecht in Betracht.

Wenn Sie sich bei der Schenkung einen Nießbrauch vorbehalten, sind Sie berechtigt, die Nutzungen aus dem Schenkungsgegenstand zu ziehen (§ 1030 BGB). Der Schenkungsgegenstand geht in das Eigentum des Beschenkten über, die Erträge (z.B. bei einer Immobilie Miet- und Pachteinnahmen) stehen Ihnen als Schenker (Nießbraucher) zu. Der Nießbrauch erlischt mit dem Tod des Nießbrauchers (§ 1061 BGB), er ist also nicht vererblich.

Als Nießbraucher sind Sie verpflichtet, für die Erhaltung des Gegenstands des Nießbrauchs in seinem wirtschaftlichen Bestand zu sorgen. Ausbesserungen und Erneuerungen fallen Ihnen nur zur Last, sofern sie zur gewöhnlichen Erhaltung der Sache gehören. Außergewöhnliche Lasten hat der Eigentümer zu tragen.

! Wenn Sie von der gesetzlichen Kostenverteilung abweichen wollen, müssen Sie im Übergabevertrag entsprechende Vereinbarungen treffen.

Muster: Nießbrauchsvorbehalt

Der Erwerber räumt _____ [Vor- und Familiennamen des Nießbrauchers] den lebenslangen Nießbrauch an dem Grundstück _____ [genaue Bezeichnung des Grundstücks] ein. Für die Lastenverteilung gelten die gesetzlichen Regelungen.

Im Übergabevertrag können Sie sich ein Wohnungsrecht vorbehalten. Sie können sich das Recht vorbehalten, ein Gebäude oder einen Teil eines Gebäudes unter Ausschluss des Eigentümers als Wohnung zu benutzen. Sie sind dann befugt, Ihre Familie und die zu Ihrer standesgemäßen Bedienung und Pflege erforderlichen Personen in die Wohnung aufzunehmen (§ 1093 BGB). An sonstige Dritte dürfen Sie die Wohnung nur mit ausdrücklicher Genehmigung des Eigentümers überlassen.

Achtung: Haben Sie sich im Übergabevertrag ein Wohnungsrecht vorbehalten, können Sie die Wohnung nur persönlich mit Ihrer Familie nutzen. Wenn Sie pflegebedürftig werden, können Sie zwar Pflegepersonal in die Wohnung aufnehmen, Sie dürfen die Wohnung aber nicht vermieten oder Dritten zur Nutzung überlassen, wenn Sie sich ins Pflegeheim einweisen lassen. Im Pflegefall müssen Sie also auf die Nutzung der Wohnung verzichten und es stehen Ihnen keine Einnahmen zu. Wenn Sie nach dem Übergabevertrag zur Vermietung der Wohnung berechtigt sind, können Sie diese im Pflegefall auch vermieten. Sie können sich allerdings für diesen Fall auch den Nießbrauch am Grundstück vorbehalten.

Gesetzlich sind Sie als Wohnungsberechtigter verpflichtet, die vom Wohnungsrecht erfassten Räume zu unterhalten. Sie haben also die gewöhnlichen Unterhaltungskosten (z.B. Kosten für Wasser, Müll, Heizung und der laufenden Reparaturen) zu tragen. Im Übergabevertrag können Sie andere Vereinbarungen treffen. Die öffentlichen und privaten Lasten (z.B. Grundsteuer, Versicherungen, Zinsaufwendungen) hat der Grundstückseigentümer zu tragen.

Gesetzlich ist der Eigentümer nicht verpflichtet, außergewöhnliche Ausbesserungen des Grundstücks oder Gebäudes auf seine Kosten vorzunehmen oder das Gebäude im Falle seiner Zerstörung wieder aufzubauen.

Das Wohnungsrecht erlischt nach dem Tod des Berechtigten. Es ist nicht vererblich.

Muster: Wohnungsrecht

Der Übergeber räumt _____ [Vor- und Familiennamen des Wohnungsberechtigten] das lebenslange und unentgeltliche Wohnungsrecht an dem Grundstück _____ [genaue Bezeichnung des Grundstücks] ein. Das Wohnungsrecht umfasst unter Ausschluss des Eigentümers sämtliche Räume der Erdgeschosswohnung des Wohnhauses _____ [genaue Bezeichnung des Anwesens]. Der Berechtigte ist berechtigt, die zum gemeinschaftlichen Gebrauch der Hausbewohner bestimmten Anlagen und Einrichtungen, insbesondere den Keller, den Speicher und den Garten mitzubenutzen.

Die Ausübung des Wohnungsrechts kann Dritten überlassen werden. Für die Kostenverteilung gelten die gesetzlichen Regelungen.

Sie können sich bei der Übertragung einer Immobilie auch ein Wohnrecht vorbehalten. Während beim Wohnungsrecht der Eigentümer von der Nutzung ausgeschlossen ist, steht beim Wohnrecht dem Eigentümer ein Mitbenutzungsrecht zu.

Schenkung gegen Rentenzahlungen

Als Gegenleistung für die schenkweise Übertragung einer Immobilie können Sie mit dem Erwerber die Zahlung einer lebenslangen Rente vereinbaren. Dabei handelt es sich regelmäßig um eine sogenannte Leibrente im Sinne von § 759 BGB. Die Erteilung des Leibrentenversprechens bedarf der Schriftform (§ 761 BGB). Festzulegen sind insbesondere die Höhe der Leibrente, der Beginn der Leistungspflicht und die Fälligkeit der jeweiligen Leistung. Die Leistung ist im Voraus zu entrichten. Eine Geldrente ist für drei Monate vorauszuzahlen (§ 760 BGB).

! Wenn Sie die Rente für Ihren Lebensunterhalt benötigen, ist es sinnvoll, die Höhe der Rente an die allgemeine Preissteigerung zu koppeln und eine Wertsicherungsklausel in den Vertrag aufzunehmen. Nur dann bleibt die vereinbarte Rente wertbeständig. Um die Rentenzahlung abzusichern, sollte sich der Erwerber der sofortigen Zwangsvollstreckung unterwerfen. Und zur dinglichen Absicherung sollte eine Reallast im Sinne der §§ 1105 ff. BGB bestellt werden.

Schenkung gegen Pflegeleistungen

Sie können eine Schenkung gegen eine Pflegeverpflichtung vornehmen. Darin verpflichtet sich der Beschenkte, Sie bei Vorliegen des Pflegefalls zu Hause zu pflegen.

Achtung: Beachten Sie, dass Pflegeleistungen letztlich nicht erzwingbar sind. Der vertragliche Anspruch auf Pflege nützt Ihnen wenig, wenn der Verpflichtete keine Lust hat, Sie zu pflegen. Entweder der Beschenkte übernimmt Ihre Pflege freiwillig oder gar nicht.

! Berücksichtigen Sie auch, dass Sie unter Umständen einen Leistungsanspruch aus der sozialen Pflegeversicherung haben. So umfasst ein etwaiger Anspruch auf häusliche Pflege die Grundpflege und die hauswirtschaftliche Versorgung. Bei einer selbst beschafften Pflegehilfe können Sie Pflegegeld beantragen, mit der die erforderliche Grundpflege und hauswirtschaftliche Versorgung in geeigneter Weise gewährleistet werden kann. Wenn Sie sich im Rahmen der Schenkung einen Pflegeanspruch vorbehalten wollen, sollten Sie darauf achten, dass der Umfang der vertraglich geschuldeten Pflege nicht mit Ihrem Leistungsanspruch aus der sozialen Lebensversicherung kollidiert. Wenn nämlich Ihr Pflegebedarf durch die vereinbarte Pflegeverpflichtung gedeckt ist, kann das zur Folge haben, dass Ihr gesetzlicher Anspruch auf häusliche Pflege bzw. auf Pflegegeld für Pflegepersonen ganz oder teilweise entfällt.

In einer Pflegeverpflichtung sollten in jedem Fall der Anlass der Pflege (z.B. Alter, Krankheit), die Art und Weise ihrer Durchführung, der Ort und der Umfang der Pflege geregelt werden. Sinnvoll ist es auch, die Folgen zur regeln, wenn der Pflegeverpflichtung nicht oder unzureichend entsprochen wird. In Betracht kommen insbesondere die Vereinbarung einer Vertragsstrafe und der Anspruch auf Rückforderung der Schenkung.

Muster: Pflegeverpflichtung

Der Erwerber verpflichtet sich, den Übergeber lebenslänglich und unentgeltlich bei Krankheit und Gebrechlichkeit zu pflegen und alle Arbeiten zu verrichten oder verrichten zu lassen, zu denen er selbst nicht mehr imstande ist. Pflegebedürftigkeit liegt vor, wenn der Bedürftige bei der Körperpflege, der Ernährung oder der Mobilität für wenigstens zwei Verrichtungen aus einem oder mehreren Bereichen mindestens einmal täglich der Hilfe bedarf und zusätzlich mehrfach in der Woche Hilfen bei der hauswirtschaftlichen Versorgung benötigt.

5.2 Sie können Vermögensteile zu Lebzeiten an Ihre Kinder als Ausstattung übertragen

Wenn Eltern ihren Kindern Vermögenswerte mit Rücksicht auf ihre Verheiratung oder auf die Erlangung einer selbstständigen Lebensstellung zur Begründung oder zur Erhaltung der Wirtschaft oder der Lebensstellung übertragen, spricht man von einer Ausstattung (§ 1624 BGB).

» Zuwendungen der Eltern als Aussteuer (z.B. Finanzierung von Einrichtungsgegenständen), Finanzierung einer Wohnung oder Zuschuss zur beruflichen Existenzgründung.

Ausstattungen der Eltern an die Kinder gelten nicht als Schenkung. Sie bedürfen also nicht der für Schenkungen vorgesehenen Form. Es entstehen auch keine Pflichtteilsergänzungsansprüche. Nur wenn die Ausstattung im Übermaß erfolgt, wenn die Zuwendung also nicht durch die Vermögensverhältnisse der Eltern gerechtfertigt ist, kann eine Schenkung gegeben sein mit der Folge, dass Pflichtteilsberechtigte den als Übermaß geltenden Teil der Zuwendung als Pflichtteilsergänzung geltend machen können.

Achtung: Zuwendungen an die Kinder in Form der Ausstattung unterliegen der Ausgleichspflicht, wenn Abkömmlinge (also nicht der Ehegatte) des Erblassers als gesetzliche Erben (also nicht durch Testament oder Erbvertrag) zur Erbfolge gelangen. Wurde also ein Kind zu Lebzeiten finanziell bevorzugt, so soll dies spätestens beim Erbfall wieder ausgeglichen werden. Sie können allerdings die Ausgleichspflicht bei der Zuwendung ausschließen, und damit ein Kind stärker begünstigen als seine Geschwister. Die Bestimmung darüber, ob eine Ausstattung ausgleichspflichtig sein soll, muss spätestens mit der Zuwendung getroffen werden.

» Die Eheleute A und B haben ihrem Kind C den Erwerb einer Eigentumswohnung mit 50.000,– € bezuschusst. Das Kind D hat keine Zuwendung erhalten. Erben C und D sind im Wege der gesetzlichen Erbfolge untereinander ausgleichspflichtig, wenn bei der Zuwendung die Ausgleichspflicht nicht ausdrücklich ausgeschlossen wurde.

5.3 Sie können Vermögensteile zu Lebzeiten an Ihren Ehegatten als ehebedingte Zuwendungen übertragen

Sie können Ihrem Ehegatten Vermögenswerte übertragen, um die eheliche Lebensgemeinschaft zu verwirklichen, auszugestalten, zu erhalten und zu sichern. Es ist sinnvoll, ehebedingte Zuwendungen an den Ehegatten ausdrücklich als solche zu deklarieren. Leben Sie nämlich mit Ihrem Ehegatten im gesetzlichen Güterstand der Zugewinngemeinschaft, wird der Wert der Zuwendung beim Ausgleich des Zugewinns berücksichtigt, wenn die Ehe geschieden wird. Der Wert der Zuwendung wird also auf den Zugewinnausgleichsanspruch angerechnet.

» Ehebedingte Zuwendungen liegen z.B. bei der Übertragung eines Miteigentumsanteils an einer Immobilie auf den Ehegatten oder bei der Zahlung von Beiträgen für die Altersvorsorge des Ehegatten vor.

Ehebedingte Zuwendung: Die Übertragung der/des _____ [konkrete Bezeichnung der ehebedingten Zuwendung] erfolgt als ehebedingte Zuwendung zur Verwirklichung und Erhaltung unserer ehelichen Lebensgemeinschaft.

Ehebedingte Zuwendungen werden im Verhältnis zu Ihrem Ehegatten nicht als Schenkung behandelt. Gegenüber Ihrem Ehegatten können Sie also eine solche Zuwendung grundsätzlich nicht nach § 530 BGB widerrufen. Im Verhältnis zu Pflichtteilsberechtigten dagegen gelten Zuwendungen an den Ehegatten als Schenkung mit der Folge, dass Pflichtteilsergänzungsansprüche bestehen.

! Zuwendungen an den Ehegatten zur Verwirklichung der ehelichen Lebensgemeinschaft sind schenkungsteuerpflichtig. Steuerfrei ist in diesem Zusammenhang jedoch die Übertragung selbst genutzten Wohneigentums an den Ehepartner, und zwar unabhängig vom Wert der Immobilie. Aus erbschaftsteuerlicher Sicht kann es also sinnvoll sein, das Familienwohnheim schon zu Lebzeiten im Wege der vorweggenommenen Erbfolge auf den Ehegatten zu übertragen.

6 Übertragen Sie zu Lebzeiten Vermögenswerte auf den Todesfall

Neben der Übertragung von Vermögen im Wege der Erbfolge und zu Lebzeiten des Inhabers des Vermögens, insbesondere durch vollzogene Schenkungen, besteht auch die Möglichkeit, Vermögen durch Rechtsgeschäfte unter Lebenden zu übertragen, die zwar unter Lebenden abgeschlossen werden, aber erst mit dem Tod des Veräußerers wirksam werden. In Betracht kommen die Schenkung auf den Todesfall (vgl. unten) und Verträge zugunsten Dritter auf den Tod.

Die Übertragung von Vermögen durch Rechtsgeschäfte auf den Todesfall haben mit Zuwendungen durch Verfügung von Todes wegen gemeinsam, dass der Inhaber des Vermögens zu Lebzeiten noch die volle Verfügungsfreiheit über sein Vermögen behält und die Zuwendungen erst mit seinem Tod wirksam werden. Im Gegensatz zur erbrechtlichen Vermögensübertragung fallen jedoch die im Wege der Rechtsgeschäfte auf den Todesfall übertragenen Vermögenswerte zum Zeitpunkt des Erbfalls nicht in den Nachlass. Das entsprechende Vermögen geht also nicht im Wege der Erbfolge auf die Erben über.

Von Vermögensübertragungen zu Lebzeiten unterscheiden sich solche durch Rechtsgeschäfte auf den Todesfall dadurch, dass der Inhaber des Vermögens zu Lebzeiten nach wie vor über sein Vermögen verfügen kann, während er bei lebzeitigen Vermögensübertragungen (z.B. bei Schenkungen) sein Vermögen verliert.

! Durch Rechtsgeschäfte auf den Todesfall können Sie zu Lebzeiten über Ihr Vermögen verfügen, gleichzeitig haben Sie aber auch die Möglichkeit, Personen Vermögenswerte zukommen zu lassen, die nicht Ihre Erben sind bzw. sein sollen.

Zum Zeitpunkt Ihres Todes erwerben nämlich die betreffenden Personen automatisch das Eigentum an den betreffenden Vermögenswerten, ohne dass sie sich mit den Erben auseinandersetzen müssen. Sie können also diesen Personen außerhalb des Nachlasses Vermögenswerte zuwenden.

6.1 Schenkung auf den Todesfall

Sie können eine Schenkung oder ein Schenkungsversprechen mit der Bedingung verknüpfen, dass der Beschenkte Sie überlebt, und so Vermögenswerte, die später in den Nachlass fallen würden, außerhalb des Nachlasses bestimmten Personen zuweisen.

» Sie schenken Ihrem Sohn vor einem lebensgefährlichen operativen Eingriff Ihr Wertpapierdepot unter der Bedingung, dass Ihr Sohn Sie überlebt.

6.1.1 Schenkungsversprechen von Todes wegen

Wenn Sie einer Person eine Schenkung versprechen und dieses Versprechen unter der Bedingung abgeben, dass der Beschenkte Sie überlebt, müssen Sie die für Verfügungen von Todes wegen vorgeschriebenen Formen einhalten. Weil grundsätzlich das Schenkungsversprechen nur in der Form eines Erbvertrags möglich ist, bedarf es der notariellen Beurkundung. Als Schenker können Sie sich also nur durch Aufhebung, Anfechtung oder Rücktritt von Ihrem Versprechen lösen.

Zu Lebzeiten des Schenkers hat der Beschenkte keinen Anspruch auf Übertragung des geschenkten Vermögensgegenstands. Überlebt der Beschenkte den Schenker, geht das Eigentum an dem geschenkten Gegenstand mit dem Tod des Schenkers direkt auf den Beschenkten über und fällt nicht in den Nachlass. Der Beschenkte kann sofort über den Vermögensgegenstand verfügen. Stirbt der Beschenkte vor dem Schenker, so ist das Schenkungsversprechen hinfällig.

» A schenkt seinem Sohn B sein Wertpapierdepot bei der Bank unter der Bedingung, dass ihn sein Sohn überlebt. Stirbt A vor B, wird B Eigentümer des Wertpapierdepots. Stirbt B vor A, wird das Schenkungsversprechen unwirksam. Das Wertpapierdepot fällt dann in den Nachlass, wenn es zum Zeitpunkt des Erbfalls noch vorhanden ist.

6.1.2 Wenn Sie die Schenkung zu Lebzeiten vollziehen

Vollziehen Sie die Schenkung noch zu Ihren Lebzeiten, so finden nicht die Vorschriften über Verfügungen von Todes wegen Anwendung, sondern über Schenkungen unter Lebenden. Der Vertrag über das Schenkungsversprechen bedarf also der notariellen Beurkundung. Der Mangel der Form wird allerdings durch die Bewirkung der versprochenen Leistung geheilt.

» Vollzogen ist die Schenkung einer beweglichen Sache (z.B. Schmuck), wenn der Schenker dem Beschenkten den Schmuck übergibt und beide darüber einig sind, dass das Eigentum an der Sache an den Beschenkten übergeht. Bei Grundstücken ist die Schenkung vollzogen, wenn der Schenkungsvertrag notariell beurkundet und der Eigentumsübergang im Grundbuch eingetragen wurde. Bei der schenkweisen Zuwendung eines Geldbetrags ist die Schenkung vollzogen, wenn das Geld an den Beschenkten ausgezahlt wurde.

Haben Sie die Schenkung bereits zu Lebzeiten vollzogen, allerdings mit der Bedingung, dass Sie der Beschenkte überlebt, so fällt der geschenkte Vermögensgegenstand wieder an Sie zurück, wenn der Beschenkte vor Ihnen stirbt. Überlebt Sie der Beschenkte, kann er bei Eintritt des Erbfalls über den Schenkungsgegenstand verfügen, ohne die Erbauseinandersetzung abwarten zu müssen.

» A schenkt seiner Tochter B seinen wertvollen Oldtimer, übergibt in ihr und überträgt ihr auch das Eigentum. Er verknüpft die Schenkung allerdings mit der Bedingung, dass seine Tochter ihn überlebt. Stirbt B vor A, fällt das Auto wieder an A zurück. Es fällt nicht in den Nachlass von B.

6.2 Vertrag zugunsten Dritter auf den Todesfall

Mit einem Vertrag zugunsten Dritter auf den Todesfall haben Sie die Möglichkeit, Personen für den Fall Ihres Todes Vermögen zuzuwenden, ohne dass dieses Vermögen in den Nachlass fällt. Dabei vereinbaren Sie mit Ihrem Schuldner, dass dieser die Leistung an eine von Ihnen benannte dritte Person zu erbringen hat. Der Dritte erwirbt die Zuwendung aber erst im Zeitpunkt Ihres Todes. Ihre Forderung selbst gehört in diesem Fall nicht zum Nachlass und geht deshalb nicht auf die Erben über. Für Verträge zugunsten Dritter auf den Todesfall in Betracht kommen insbesondere Bank- und Sparverträge, Lebensversicherungs-, Bauspar- und Depotverträge.

» Sie schließen eine Lebensversicherung ab und benennen als Bezugsberechtigten für die Versicherungsleistung Ihren nichtehelichen Lebenspartner oder Sie weisen Ihre Bank an, nach Ihrem Tod ein Sparguthaben an Ihren Neffen auszuzahlen.

Für Rechtsgeschäfte dieser Art finden nicht die gesetzlichen Regelungen über Verfügungen von Todes wegen Anwendung. Entsprechende Verfügungen können Sie auf vorgedruckten Formularen treffen oder einfach durch einen entsprechenden Brief (z.B. an die Versicherungsgesellschaft; vgl. unten).

Achtung: Im Regelfall liegt einem Vertrag zugunsten Dritter ein Schenkungsversprechen zugrunde. Dieses bedarf zu seiner Wirksamkeit der notariellen Beurkundung (§ 518 Abs. 1 BGB), andernfalls ist es unwirksam. Der Mangel der Form kann allerdings durch die Bewirkung der versprochenen Leistung geheilt werden (z.B. durch Auszahlung des Sparguthabens nach Ihrem Tod).

Beachten Sie die gesetzlichen Formvorschriften nicht und erfahren Ihre Erben vor dem Vollzug der Begünstigung (z.B. vor der Auszahlung der Versicherungssumme an den Bezugsberechtigten) von der Zuwendung, können sie diese jederzeit widerrufen und die Bank oder Versicherung anweisen, das Guthaben oder die Versicherungssumme an die Erben auszuzahlen.

6.2.1 Zuwendung einer Lebensversicherung

Wenn Sie in Ihrem Lebensversicherungsvertrag keinen Bezugsberechtigten benannt haben, gehört Ihre Lebensversicherung zu Ihrem Vermögen und fällt damit in den Nachlass. Als Versicherungsnehmer sind Sie nach § 159 Versicherungsvertragsgesetz berechtigt, ohne Zustimmung des Versicherers einen Dritten (z.B. Ihren Ehegatten oder nichtehelichen Lebenspartner) als Bezugsberechtigten zu bezeichnen. Sie können das Bezugsrecht jederzeit widerrufen. Haben Sie einen Bezugsberechtigten benannt, liegt ein Vertrag zugunsten Dritter auf den Todesfall vor. Im Todesfall fällt die Versicherungssumme dann nicht in den Nachlass. Der Bezugsberechtigte erwirbt mit dem Erbfall einen unmittelbaren Anspruch auf die Versicherungssumme gegen den Versicherer.

! Beachten Sie, dass eine Änderung oder der Widerruf der Bezugsberechtigung im Versicherungsvertrag ausgeschlossen werden darf. Sehen Sie also in Ihrer Versicherungspolice nach, ob eine entsprechende Regelung enthalten ist. Außerdem ist in den allgemeinen Versicherungsbedingungen geregelt, dass der Widerruf bzw. die Änderung der Bezugsberechtigung erst mit der schriftlichen Anzeige an den Versicherer wirksam wird. Diese Voraussetzung erfüllen Sie nicht, wenn Sie die Bezugsberechtigung in Ihrem Testament ändern oder widerrufen. Prüfen Sie deshalb im Zusammenhang mit der Errichtung Ihres Testaments unbedingt die in der Versicherungspolice geregelte Bezugsberechtigung.

Muster: Bezugsberechtigung

Sehr geehrte Damen und Herren,

am _____ [Datum einsetzen] habe ich bei Ihnen einen Lebensversicherungsvertrag Nr. _____ [Vertragsnummer einsetzen] abgeschlossen. Als Bezugsberechtigten benenne ich _____ [Vor- und Familiennamen und Wohnsitz des Bezugsberechtigten einsetzen]. Bitte bestätigen Sie mir den Eingang dieses Schreibens.

[Oder]

in dem am _____ [Datum einsetzen] abgeschlossenen Lebensversicherungsvertrag Nr. _____ [Vertragsnummer einsetzen] habe ich als Bezugsberechtigten _____ [Vor- und Familiennamen einsetzen] benannt. Diese Bezugsberechtigung möchte ich hiermit ändern. Bezugsberechtigte Person soll _____ [Vor- und Familiennamen und Wohnsitz des Bezugsberechtigten einsetzen] sein. Bitte bestätigen Sie mir die Änderung der Bezugsberechtigung.

Achtung: Wenn Sie Ihren Ehegatten namentlich als Bezugsberechtigten gegenüber dem Versicherer benannt haben, ändert daran eine Scheidung oder Wiederverheiratung nichts. Die gesetzlichen Regelungen über die Unwirksamkeit letztwilliger Verfügungen bei Auflösung der Ehe gelten in diesem Fall nicht. Die Bezugsberechtigung des geschiedenen Ehegatten besteht weiter, bis sie ausdrücklich widerrufen oder geändert wurde.

6.2.2 Zuwendung eines Bausparvertrags

Wie bei Lebensversicherungen können Sie auch beim Abschluss eines Bausparvertrags Begünstigungen für den Fall Ihres Todes aussprechen. Auch hierbei handelt es sich um einen Vertrag zugunsten Dritter auf den Todesfall. Gegenstand der Zuwendung sind die Bausparraten, die Sie als Bausparer auf den Bausparvertrag geleistet haben, nicht aber ein etwaig in Anspruch genommenes Bauspardarlehen.

! Prüfen Sie in den Bausparbedingungen, ob die Benennung eines Bezugsberechtigten nur zu Lebzeiten möglich ist bzw. widerrufen oder geändert werden darf, oder ob dies auch durch eine Verfügung von Todes wegen zulässig ist. Die Bausparbedingungen der verschiedenen Bauspargesellschaften enthalten in diesem Zusammenhang unterschiedliche Regelungen.

6.2.3 Zuwendung von Bankguthaben

Sie können mit Ihrer Bank oder Sparkasse vereinbaren, dass alle Rechte aus einem Bankkonto im Falle Ihres Todes an einen Dritten übergehen sollen. Unproblematisch ist eine entsprechende Vereinbarung jedenfalls dann, wenn Sie alleiniger Kontoinhaber sind.

Muster: Zuwendung von Bankguthaben

_____ [Vor- und Familiennamen des Kontoinhabers einsetzen] und die _____ Bank [genaue Bezeichnung der Bank] vereinbaren, dass alle Rechte aus dem Konto Nr. _____ [Konto-Nr. einsetzen] von _____ [Vor- und Familiennamen des Kontoinhabers einsetzen] nach seinem Tod auf _____ [Vor- und Familiennamen und Wohnsitz des Begünstigten einsetzen] übergehen sollen. Diese Vereinbarung kann von _____ [Vor- und Familiennamen des Kontoinhabers einsetzen] zu Lebzeiten jederzeit widerrufen werden. Die Bank soll den Begünstigten erst nach dem Tod von _____ [Vor- und Familiennamen des Kontoinhabers einsetzen] von dieser Vereinbarung unterrichten.

! Ein entsprechender Vertrag zugunsten Dritter ist auch dann zustande gekommen, wenn Sie Ihre Bank anweisen, Ihr Guthaben nach Ihrem Tod an einen Dritten auszuzahlen.

Bei einem Gemeinschaftskonto, das zwischen Ihnen und der begünstigten Person geführt wird, muss zwischen einem Und- und einem Oder-Konto unterschieden werden. Beim Oder-Konto (das ist in der Praxis der Regelfall) ist jeder Kontoinhaber allein verfügungsberechtigt. In diesem Fall können Sie das gemeinschaftliche Guthaben ohne Weiteres an den überlebenden Kontoinhaber weitergeben. Dagegen sind bei einem Und-Konto nur beide Kontoinhaber gemeinsam verfügungsbefugt. Der überlebende Kontoinhaber kann nur gemeinsam mit den Erben über das Konto verfügen, weil beim Tod eines Kontoinhabers dessen Kontoinhaberschaft in den Nachlass fällt.

7 Welche erbschaft- und schenkungsteuerlichen Rahmenbedingungen gelten

Im Rahmen Ihrer Überlegungen, Ihr Vermögen durch Zuwendungen zu Lebzeiten oder im Wege der Erbfolge zu übertragen, sollten Sie auch immer die steuerlichen Rahmenbedingungen beachten. Schließlich geht es um die steuerliche Belastung Ihrer Erben bzw. des Beschenkten. Wegen der hohen Freibeträge für Ihren Ehegatten und Ihre Kinder dürften allerdings steuerliche Aspekte im Regelfall keine zentrale Rolle spielen.

7.1 Welche Zuwendungen steuerpflichtig sind

Steuerpflichtig sind nicht nur Erwerbe von Todes wegen, sondern auch Zuwendungen unter Lebenden.

7.1.1 Zuwendungen von Todes wegen

Steuerpflichtig sind insbesondere der Erwerb (§ 3 Abs. 1 ErbStG)

- des angefallenen Nachlasses,
- durch Vermächtnisse,
- aufgrund eines geltend gemachten Pflichtteilsanspruchs,
- durch Schenkung auf den Todesfall,
- aufgrund eines vom Erblasser geschlossenen Vertrags (z.B. wenn der Erblasser zugunsten seiner Erben einen Lebensversicherungsvertrag auf den Todesfall abschließt und einen Bezugsberechtigten benennt).

Als vom Erblasser zugewendet gilt u.a. auch (§ 3 Abs. 2 ErbStG)

- der Übergang von Vermögen auf eine vom Erblasser angeordnete Stiftung,
- der Erwerb, wenn eine vom Erblasser angeordnete Auflage vollzogen wird,
- eine Abfindung für die Ausschlagung einer Erbschaft, eines Erbersatzanspruchs oder eines Vermächtnisses.

Wie bereits ausgeführt, kann, wenn die Eheleute im gesetzlichen Güterstand der Zugewinngemeinschaft gelebt haben, der Zugewinn entweder nach der erbrechtlichen oder nach der güterrechtlichen Lösung durchgeführt werden.

- Bei der erbrechtlichen Lösung, die zur Anwendung kommt, wenn der überlebende Ehegatte Erbe oder Vermächtnisnehmer geworden ist, erhält der Ehegatte neben seinem gesetzlichen Erbteil einen pauschalen Zugewinnausgleich in Höhe eines Viertels seines Erbteils.
- Bei der güterrechtlichen Lösung, die durchzuführen ist, wenn der überlebende Ehegatte nicht Erbe oder Vermächtnisnehmer geworden ist (weil er z.B. nicht bedacht wurde oder die Erbschaft ausgeschlagen hat), wird der Zugewinnausgleich konkret aus der Differenz des Anfangsvermögens bei Beginn der Ehe und des Endvermögens zum Zeitpunkt des Todes des Ehegatten berechnet.

! Wird der Zugewinnausgleich nach der güterrechtlichen Lösung berechnet, unterliegt er nicht der Erbschaftsteuer. Er wirkt damit zusätzlich wie ein Freibetrag, was insbesondere bei einem größeren Vermögen als steuerliches Gestaltungsmodell erhebliche Bedeutung hat, weil keine gesetzliche Grenze für den steuerlich freigestellten Zugewinnausgleich besteht.

Achtung: Der Zugewinnausgleich in pauschalierter Form, also durch Erhöhung des gesetzlichen Erbteils pauschal um ein Viertel des Erbteils (erbrechtliche Lösung), wird nicht von der Erbschaftsteuer freigestellt. Steuerfrei bleibt allerdings der Betrag, den der überlebende Ehegatte als Ausgleichsforderung nach der güterrechtlichen Lösung hätte geltend machen können (§ 5 Abs. 1 ErbStG). Das Finanzamt ermittelt deshalb fiktiv die reale Zugewinnausgleichsforderung, indem es die Differenz zwischen dem Anfangs- und Endvermögen berechnet. Dieser Teil des Zugewinns ist dann steuerfrei.

7.1.2 Zuwendungen unter Lebenden

Um zu vermeiden, dass die Erbschaftsteuer durch Vermögensübertragungen zu Lebzeiten des Erblassers umgangen oder geschmälert wird, unterliegen Schenkungen zu Lebzeiten der Schenkungsteuer (§ 7 ErbStG). Besteuert werden u.a.

- jede freigiebige Zuwendung unter Lebenden, soweit der Bedachte durch sie auf Kosten des Zuwendenden bereichert wird,
- die Schenkung unter Vollziehung einer Auflage oder Erfüllung einer Bedingung,
- die Abfindung für einen Erb-, Vermächtnis- oder Pflichtteilsverzicht,
- die vorzeitige Herausgabe einer Nacherbschaft.

7.2 Welche Zuwendungen nicht steuerpflichtig sind

Das Schenkung- und Erbschaftsteuergesetz sieht eine Reihe von Zuwendungen vor, die nicht steuerpflichtig sind.

7.2.1 Steuerbefreiung bei Zuwendung von Hausrat und anderen beweglichen körperlichen Gegenständen

Abhängig von Ihrer Steuerklasse wird Personen ein Freibetrag für Hausrat und für andere bewegliche körperliche Gegenstände gewährt (§ 13 Abs. 1 Nr. 1 ErbStG). Steuerfrei bleiben Hausrat (z.B. Wohnungseinrichtung, Fernseher) einschließlich Wäsche und Kleidungsstücke beim Erwerb durch Personen der Steuerklasse I bis zum Wert von insgesamt 41.000,– €. 12.000,– € beträgt für diese Personen der Freibetrag für andere bewegliche körperliche Gegenstände (z.B. Auto). Für Personen der Steuerklasse II und III beträgt der Freibetrag für Hausrat einschließlich Wäsche und Kleidungsstücke und andere bewegliche körperliche Gegenstände einheitlich 12.000,– €. Die Befreiung gilt u.a. nicht für Zahlungsmittel, Wertpapiere, Münzen und Edelsteine.

7.2.2 Steuerbefreiung im Zusammenhang mit einem Familienwohnheim

Steuerbefreiungen bestehen auch im Zusammenhang mit der Übertragung eines Familienwohnheims. Darunter ist ein Haus zu verstehen, das im Inland liegt und zu eigenen Wohnzwecken genutzt wird. Unter den gleichen Voraussetzungen kann es sich auch um eine Eigentumswohnung handeln. Zu eigenen Wohnzwecken dient das Objekt, wenn sich in ihm der Mittelpunkt des familiären Lebens befindet. Nicht begünstigt sind Ferien- und Zweitwohnungen.

- Befreit von der Schenkungsteuer ist die zu Lebzeiten erfolgte Zuwendung eines Familienwohnheims an den Ehegatten (§ 13 Abs. 1 Nr. 4a ErbStG). Die Steuerbefreiung gilt auch für Zuwendungen an den Lebenspartner einer eingetragenen Lebenspartnerschaft.

- Auch der Erwerb eines Familienwohnheims von Todes wegen durch den Ehegatten oder den Partner einer eingetragenen Lebenspartnerschaft ist erbschaftsteuerfrei (§ 13 Abs. 1 Nr. 4b ErbStG). Voraussetzung ist allerdings, dass der Erblasser das Familienwohnheim bis zum Erbfall zu eigenen Zwecken genutzt hat oder er aus zwingenden Gründen an der Selbstnutzung gehindert war und die Wohnung vom Erwerber unverzüglich zur Selbstnutzung bestimmt ist.

  Achtung: Die Steuerbefreiung fällt mit Wirkung für die Vergangenheit weg, wenn der Erwerber das Familienwohnheim innerhalb von zehn Jahren nach dem Erwerb nicht mehr zu Wohnzwecken selbst nutzt, es sei denn, er ist aus zwingenden Gründen an einer Selbstnutzung zu eigenen Wohnzwecken gehindert (z.B. bei Pflegebedürftigkeit).

- Steuerlich begünstigt ist auch der Erwerb eines Familienwohnheims durch Kinder und Kinder vorverstorbener Kinder (§ 13 Abs. 1 Nr. 4c ErbStG). Begünstigt sind nicht nur leibliche Kinder, sondern auch Adoptiv- und Stiefkinder. Der Erwerb durch Enkel ist begünstigt, wenn die Kinder des Erblassers vorverstorben sind.

  Achtung: Die Steuerbefreiung gilt nur, wenn die Wohnfläche 200 m^2 nicht übersteigt. Hierbei handelt es sich nicht um eine Freigrenze, das heißt, nur der die Grenze übersteigende Anteil wird besteuert. Der Erwerb ist nur begünstigt, wenn der Erwerber die Wohnung unverzüglich zu eigenen Wohnzwecken nutzt oder er aus zwingenden Gründen an der Selbstnutzung gehindert ist.

7.2.3 Steuerbefreiung bei Erwerb durch erwerbsunfähige Eltern und Großeltern

Bei einem Erwerb von Eltern, Adoptiveltern, Stiefeltern oder Großeltern des Erblassers fällt keine Steuer an, wenn der Erwerb zusammen mit dem übrigen Vermögen des Erwerbers 41.000,– € nicht übersteigt und der Erwerber wegen körperlicher oder geistiger Gebrechen und unter Berücksichtigung seiner bisherigen Lebensstellung als erwerbsunfähig anzusehen ist (§ 13 Abs. 1 Nr. 6 ErbStG). Die Befreiung gilt auch für die Fälle, in denen die Eltern oder Großeltern durch die Führung eines gemeinsamen Haushalts mit erwerbsunfähigen oder in Ausbildung befindlichen Kindern bzw. Enkeln an der Ausübung einer Erwerbstätigkeit gehindert sind.

7.2.4 Steuerbefreiung bei unentgeltlicher Pflege- und Unterhaltsgewährung

Zuwendungen, die als angemessenes Entgelt für eine unentgeltliche Pflege- und Unterhaltsgewährung an den Erblasser oder Schenker anzusehen sind, bleiben bis zu einem Freibetrag von 20.000,– € von der Steuer freigestellt (§ 13 Abs. 1 Nr. 9 ErbStG). Die Steuerbefreiung gilt für Erwerbe von Todes wegen und für Schenkungen unter Lebenden.

Achtung: Die Steuerbefreiung besteht nicht, wenn eine gesetzliche Pflicht zur Pflege besteht (z.B. gegenüber dem Ehegatten oder Kindern).

7.2.5 Steuerbefreiung bei Zuwendungen für Unterhalt oder Ausbildung

Laufende Zuwendungen unter Lebenden für Unterhalt und Ausbildung sind steuerfrei. Allerdings darf ein »angemessener« Betrag nicht überschritten werden. Was angemessen ist, richtet sich nach den Vermögensverhältnissen und der Lebensstellung des Bedachten (§ 13 Abs. 1 Nr. 12 ErbStG).

7.2.6 Steuerbefreiung bei Rückfall geschenkten Vermögens an Eltern oder Voreltern

Rückschenkungen sind grundsätzlich nicht steuerfrei. Die einmal entstandene Steuer entfällt also nicht dadurch, dass die Schenkung rückgängig gemacht wird. Sofern allerdings Vermögensgegenstände, die Eltern oder Voreltern (z.B. Großeltern, Urgroßeltern) ihren Abkömmlingen durch Schenkung oder Übergabevertrag zugewendet hatten, im Wege der Erbfolge wieder an sie zurückfallen, bleiben diese steuerfrei (§ 13 Abs. 1 Nr. 10 ErbStG). Dies gilt aber nur für den Rückfall von Todes wegen, nicht für Rückschenkungen.

» A hat seinem Sohn einen Bauplatz geschenkt. Nach dem Tod des Sohnes erbt A das Grundstück. Für den Rückfall des Vermögens fällt keine Erbschaftsteuer an.

7.2.7 Steuerbefreiung bei üblichen Gelegenheitsgeschenken

Die Zuwendung von Gelegenheitsgeschenken (z.B. Geburtstags- oder Hochzeitsgeschenke) sind nicht schenkungsteuerpflichtig, soweit sie sowohl nach ihrem Anlass als auch nach ihrem Wert üblich sind (§ 13 Abs. 1 Nr. 14 ErbStG). Was »üblich« ist, kann nur nach den Umständen des Einzelfalls beurteilt werden. Steuerfrei sind beispielsweise die Schenkung einer goldenen Uhr anlässlich eines Jubiläums oder einer Digitalkamera zu Weihnachten, nicht dagegen die Schenkung eines Grundstücks oder eines Wertpapierdepots.

Achtung: Wenn die Grenze des üblichen Gelegenheitsgeschenks überschritten wird, unterliegt die Zuwendung in vollem Umfang der Steuerpflicht. Eine Aufwendung der Zuwendung in einen steuerfreien und steuerpflichtigen Teil erfolgt also nicht.

7.2.8 Weitere Befreiungen

Weitere Steuerbefreiungen bestehen noch insbesondere für

- Gegenstände, deren Erhaltung im öffentlichen Interesse liegen (§ 13 Abs. 1 Nr. 2 und 3 ErbStG),
- den Erwerb bestimmter gesetzlicher Ansprüche (§ 13 Abs. 1 Nr. 7 und 8 ErbStG),
- Zuwendungen an Gebietskörperschaften (z.B. Gemeinden), § 13 Abs. 1 Nr. 15 ErbStG,
- Zuwendungen an Religionsgesellschaften und Körperschaften, die kirchliche, gemeinnützige oder mildtätige Zwecke verfolgen (§ 13 Abs. 1 Nr. 17 ErbStG),
- Zuwendungen an politische Parteien (§ 13 Abs. 1 Nr. 18 ErbStG).

7.3 Nach welchen Grundsätzen der Nachlass bewertet wird

Für die Berechnung der Steuerschuld ist der Wert des Vermögens maßgebend, das durch Schenkungen unter Lebenden oder im Wege der Erbfolge erworben wurde, wobei die Nachlassverbindlichkeiten abzuziehen sind. Maßgebend ist letztlich die Bereicherung des Begünstigten. Dazu müssen diese Vermögenswerte (Aktiva und Passiva) in einem Geldbetrag ausgewiesen werden, damit die Steuerschuld durch Anwendung des maßgebenden Steuersatzes ermittelt werden kann. Bei nicht in Geld ausgedrückten Vermögenswerten (z.B. Immobilie, Auto, Hausrat) ist deshalb eine Bewertung in Geld erforderlich, die dann die Bemessungsgrundlage für die Steuerschuld ist. Einzelheiten enthält das Bewertungsgesetz (BewG).

7.3.1 Bewertung des Grundbesitzes

Die Bewertung des Grundbesitzes richtet sich danach, ob das Grundstück bebaut oder unbebaut ist.

Unbebaute Grundstücke

Unbebaut ist ein Grundstück, auf dem keine benutzbaren Gebäude stehen. Als unbebaut gilt auch ein Grundstück, auf dem wegen Zerstörung oder Verfall der Gebäude auf Dauer kein benutzbarer Raum mehr vorhanden ist (§ 178 BewG).

Der Wert unbebauter Grundstücke bestimmt sich im Regelfall nach ihrer Fläche und den Bodenrichtwerten (§ 179 BewG). Die Bodenrichtwerte werden von den Gutachterausschüssen, die in den Gemeinden eingerichtet wurden, festgelegt. Sie werden grundsätzlich alle zwei Jahre ermittelt. Für die Bewertung ist der zuletzt festgestellte Bodenrichtwert anzusetzen.

Der Bodenrichtwert wird mit den Quadratmetern des Grundstücks multipliziert. Daraus ergibt sich der Verkehrswert des unbebauten Grundstücks, der der Berechnung der Erbschaft- und Schenkungsteuer zugrunde zu legen ist.

Bebaute Grundstücke

Ein bebautes Grundstück setzt voraus, dass sich auf dem Grundstück Gebäude befinden, die benutzbar sind. Gesetzlich sind für die Bewertung bebauter Grundstücke je nach Gebäudeart verschiedene Bewertungsmethoden für die Ermittlung des Verkehrswerts vorgeschrieben (§ 182 BewG):

- Ein- und Zweifamilienhäuser und Eigentumswohnungen sind nach dem Vergleichswertverfahren zu bewerten.
- Für Mietwohngrundstücke, Geschäftsgrundstücke und gemischt genutzte Grundstücke gilt das Ertragswertverfahren.

- Für sonstige Grundstücke richtet sich die Bewertung nach dem Sachwertverfahren. Dieses findet auch dann Anwendung, wenn keine Vergleichswerte oder Ertragswerte ermittelt werden können.

Beim Vergleichswertverfahren (§ 183 BewG) wird der Verkehrswert aus tatsächlich erzielten Kaufpreisen von Vergleichsgrundstücken abgeleitet. Es werden die Kaufpreise von Grundstücken herangezogen, die hinsichtlich der ihren Wert beeinflussenden Merkmale (Lage, Art und Maß der baulichen Nutzung, Grundstücksgröße, Erschließungszustand, Alter des Gebäudes) mit dem zu bewertenden Grundstück hinreichend übereinstimmen. Grundlage sind vorrangig die dem Finanzamt von den Gutachterausschüssen mitgeteilten Vergleichspreise. Liegen für das zu bewertende Grundstück weder geeignete Vergleichspreise noch Vergleichsfaktoren vor, ist das Grundstück im Sachwertverfahren zu bewerten (vgl. dazu unten).

Das Ertragswertverfahren wird zur Wertermittlung von Mietshäusern, Geschäftsgrundstücken und gemischt genutzten Grundstücken angewendet. Deren Wert wird aus der Summe des Bodenwerts und des Gebäudeertragswerts gebildet (§ 184 BewG).

- Als Bodenwert ist der Wert des Grund und Bodens anzusetzen. Dieser ist wie bei der Bewertung unbebauter Grundstücke zu ermitteln (vgl. oben).
- Ausgangswert für die Ermittlung des Gebäudeertragswerts (§ 185 BewG) ist der Rohertrag des Mietshauses. Dieser ergibt sich aus den Jahresmieten, die zur Zeit des Erbfalls nach den abgeschlossenen Mietverträgen zu zahlen sind. Vom Rohertrag sind die Bewirtschaftungskosten abzuziehen. Diese setzen sich aus den Verwaltungskosten, den nicht umlagefähigen und deshalb nicht von den Mietern zu erstattenden Betriebskosten, den Instandhaltungskosten und dem Mietausfallwagnis zusammen. Vom somit ermittelten Reinertrag ist noch eine angemessene Verzinsung des Bodenwerts abzuziehen. Daraus ergibt sich dann der Gebäudereinertrag, bezogen auf einen Zeitraum von einem Jahr.

> Der Verkehrswert des Gebäudes ergibt sich dann aus einem sich aus einer Anlage des Bewertungsgesetzes ergebenden Vervielfältiger, der sich nach dem Liegenschaftszins und der Restnutzungsdauer des Gebäudes bestimmt.

Beim Sachwertverfahren (§ 190 BewG), mit dem u.a. Wohnungs- und Teileigentum sowie Ein- und Zweifamilienhäuser, wenn kein Vergleichswert vorliegt, bewertet werden, ist bei der Bewertung der Wert des Gebäudes getrennt vom Bodenwert zu ermitteln. Der Wert bestimmt sich im Allgemeinen anhand der Herstellungskosten und nicht nach der erzielbaren Rendite. Die Regelherstellungskosten, die anhand einer Anlage zum Bewertungsgesetz zu ermitteln sind, sind abhängig von der Grundstücksart, der Gebäudeklasse (z.B. mit bzw. ohne Keller, Gebäudenutzung), dem Baujahr und dem Ausstattungsstandard (einfach, mittel, gehoben). Die Werte beziehen sich auf die Brutto-Grundfläche des Gebäudes. Die Regelherstellungskosten sind mit der Brutto-Grundfläche zu multiplizieren; daraus ergibt sich der Gebäuderegelherstellungswert. Dieser ist um eine Altersminderung zu kürzen. Gebäudesachwert und Bodenwert werden addiert und multipliziert mit einer Wertzahl, die vom Gutachterausschuss vorgegeben oder aus einer Anlage zum Bewertungsgesetz entnommen wird. Das Ergebnis ist der Verkehrswert nach dem Sachwertverfahren.

7.3.2 Bewertung von Aktien

Börsennotierte Aktien sind mit dem am Bewertungsstichtag maßgebenden Börsenkurs anzusetzen. Liegen im Besteuerungszeitpunkt mehrere Börsenkurse vor, so ist der niedrigste Kurs zugrunde zu legen (§ 11 Abs. 1 BewG).

Werden die Aktien nicht an der Börse gehandelt, sind diese mit dem gemeinen Wert anzusetzen. Der gemeine Wert ist dann in erster Linie aus Verkäufen abzuleiten (§ 11 Abs. 2 BewG).

7.3.3 Bewertung von Hausrat

Hausratsgegenstände werden mit dem voraussichtlich erzielbaren Verkaufspreis angesetzt (§ 9 BewG).

7.3.4 Bewertung von Kunstgegenständen

Gemälde, Skulpturen und andere Kunstgegenstände sind mit dem gemeinen Wert zu bewerten (§ 9 BewG). Bei der Wertfindung sind die schwierigen Verkaufsmöglichkeiten zu berücksichtigen.

7.3.5 Bewertung von Wertpapieren und Anteilen

Festverzinsliche Wertpapiere und Anleihen, insbesondere Pfandbriefe, Industrie- und Bundesobligationen sowie Schuldverschreibungen, die an einer deutschen Börse zum Handel im regulierten Markt zugelassen sind, werden mit dem niedrigsten Börsenkurs im Besteuerungszeitpunkt angesetzt (§ 11 BewG).

7.3.6 Bewertung von Kapitalforderungen und Schulden

Darlehensforderungen, Hypotheken, Grundschulden, Tantiemeansprüche und Steuererstattungsansprüche sowie andere auf Geld gerichtete Forderungen sind mit ihrem Nennwert anzusetzen, sofern nicht besondere Umstände einen höheren oder geringeren Wert begründen. Forderungen, die uneinbringlich sind, bleiben außer Ansatz (§ 12 BewG).

7.4 Wie die Steuer berechnet wird

Bemessungsgrundlage für die Erbschaftsteuer ist die Bereicherung des Erwerbers. Diese ergibt sich aus der Differenz zwischen dem angefallenen Vermögen und den Nachlassverbindlichkeiten. Davon sind die Freibeträge abzuziehen. Auf die sich darauf ergebende Bemessungsgrundlage ist die Steuerschuld durch Anwendung des Steuersatzes zu berechnen.

1. Schritt:

Bereicherung des Erwerbers
./. Freibeträge
= Steuerpflichtiger Erwerb

2. Schritt:

Berechnung des Steuersatzes nach den entsprechenden Steuerklassen

7.4.1 Steuerpflichtiger Erwerb

Bereicherung des Erwerbers

Vom durch die Erbschaft angefallenen Vermögen (Nachlass) sind die Nachlassverbindlichkeiten abzuziehen. Abzugsfähig sind die Erblasserschulden, die Erbfallschulden und die sonstigen Nachlassverbindlichkeiten.

- Zu den Erblasserschulden (§ 10 Abs. 5 Nr. 1 ErbStG) gehören u.a. der Zugewinnausgleich des überlebenden Ehegatten, der nicht Erbe oder Vermächtnisnehmer ist, Kaufpreis-, Unterhalts- und Steuerschulden des Erblassers,
- Erbfallschulden (§ 10 Abs. 5 Nr. 2 ErbStG) sind u.a. Verbindlichkeiten aus Vermächtnissen, Auflagen und geltend gemachten Pflichtteilen.
- Zu den sonstigen Nachlassverbindlichkeiten (§ 10 Abs. 5 Nr. 3 ErbStG) gehören Bestattungskosten, Kosten für eine angemessene Grabstätte und für die übliche Grabpflege.

Bei Schenkungen ist der Begünstigte in Höhe des Nettoerwerbs bereichert.

Berücksichtigung von Freibeträgen

Von der Bereicherung des Erwerbers sind die allgemeinen und besonderen Freibeträge abzuziehen. Vom Erwerber ist nur der Betrag zu versteuern, der nach Abzug des Freibetrags verbleibt.

Für Erwerbe von Todes wegen und für Schenkungen unter Lebenden bestehen persönliche Freibeträge, die den steuerpflichtigen Erwerb reduzieren (§ 16 ErbStG). Die Freibeträge (und auch die Steuersätze, vgl. unten) richten sich danach, wie nah der Erbe bzw. Beschenkte dem Erblasser bzw. Beschenkten stand. Nach ihrem persönlichen Verhältnis zum Erblasser bzw. zum Beschenkten werden der Ehegatte und die Verwandten in drei Steuerklassen eingeteilt (§ 15 ErbStG):

Zur Steuerklasse I gehören

- der Ehegatte und der eingetragene Lebenspartner,
- eheliche und nichteheliche Kinder, Adoptivkinder und Stiefkinder (nicht Pflegekinder),
- Abkömmlinge der Kinder (Enkel, Urenkel usw.) und Stiefkinder,
- Eltern, Großeltern und weitere Voreltern bei Erwerben von Todes wegen (nicht bei einer Schenkung).

Zur Steuerklasse II zählen

- Eltern und Großeltern, wenn sie Empfänger einer Schenkung sind,
- Geschwister (auch Halbgeschwister und alle Stiefgeschwister),
- Nichten und Neffen,
- Stiefeltern,
- Schwiegerkinder und die Schwiegereltern,
- der geschiedene Ehegatte und der Lebenspartner einer aufgehobenen Lebenspartnerschaft.

Zur Steuerklasse III gehören alle entfernteren Verwandten (Cousins, Cousinen, Großnichten, Großneffen), beliebige Dritte (z.B. Freunde und Bekannte), ferner alle Personen- und Kapitalgesellschaften, wenn sie persönlich und nicht die dahinter stehenden Gesellschafter als Erwerber anzusehen sind.

Bei der Ermittlung des steuerpflichtigen Erwerbs sind sowohl bei der Besteuerung einer Schenkung als auch bei einem Erwerb von Todes wegen folgende allgemeinen Freibeträge zu berücksichtigen (§ 16 ErbStG):

Personen	**Freibetrag (in Euro)**
Ehegatte und eingetragener Lebenspartner	500.000
Eheliche und nichteheliche Kinder Adoptivkinder und Stiefkinder, sowie Kinder von bereits verstorbenen Kindern	400.000
Enkel, Urenkel usw.	200.000
Eltern, Großeltern usw. bei Erwerben von Todes wegen	100.000
Eltern, Großeltern usw. bei Schenkungen, Geschwister, Neffen und Nichten, Stiefeltern, Schwiegereltern und -kinder, geschiedener Ehegatte	20.000
Übrige Personen der Steuerklasse III (z.B. Partner einer eheähnlichen Lebensgemeinschaft)	20.000

Mehrere Erwerbe von derselben Person innerhalb der letzten zehn Jahre werden zusammengerechnet (§ 14 ErbStG). Folglich können die persönlichen Freibeträge alle zehn Jahre bei Zuwendungen von derselben Person erneut in Anspruch genommen werden.

Die persönlichen Steuerfreibeträge gelten für den einzelnen steuerpflichtigen Erwerb.

» Verunglücken beide Elternteile tödlich und erben zwei Kinder, dann liegen vier Erwerbe vor. Jedes Kind hat einen persönlichen Freibetrag von 800.000,– €.

Neben dem allgemeinen Freibetrag wird bei Erwerben von Todes wegen dem Ehegatten, dem eingetragenen Lebenspartner und den Kindern bis zum 27. Lebensjahr ein besonderer Versorgungsfreibetrag gewährt. Dieser wird allerdings um den Kapitalwert steuerfreier Versorgungsbezüge gekürzt (§ 17 ErbStG).

Personen	**Versorgungsfreibetrag (in Euro)**
Ehegatte oder eingetragener Lebenspartner	256.000
Kinder bis 5 Jahre	52.000
Kinder im Alter von mehr als 5 bis 10 Jahren	41.000
Kinder im Alter von mehr als 10 bis 15 Jahren	30.700
Kinder im Alter von mehr als 15 bis 20 Jahren	20.500
Kinder im Alter von mehr als 20 bis 27 Jahren	10.300

7.4.2 Die Steuer richtet sich nach dem Steuersatz

Die Erbschaftsteuer wird nach folgenden Prozentsätzen erhoben (§ 19 ErbStG):

Wert des steuerpflichtigen Erwerbs bis einschließlich (in Euro)	**Prozentsatz in der Steuerklasse**		
	I	**II**	**III**
75.000	7	15	30
300.000	11	20	30
600.000	15	25	30
6.000.000	19	30	30
13.000.000	23	35	50
26.000.000	27	40	50
Über 26.000.000	30	43	50

Wird eine bestimmte Wertgrenze (z.B. 75.000,– €) überschritten, so wird der ganze Erwerb nach dem hierfür maßgebenden Prozentsatz besteuert.

» A und B leben im Güterstand der Zugewinngemeinschaft. Sie haben eine Tochter C. A und B haben mehrere Immobilien. A hat ein Haus im Alleineigentum im Wert von 600.000,– €. Er schenkt, um den Freibetrag auszunutzen, zu Lebzeiten das Haus an C.

Gegenüber ihrem Vater hat C einen Freibetrag von 400.000,– €. Die restlichen 200.000,– € muss C versteuern.

	600.000,– €	Steuerwert
./.	400.000,– €	Freibetrag
=	200.000,– €	steuerpflichtiger Erwerb

C fällt in die Steuerklasse I. Bis zu einem Betrag von 300.000,– € beträgt der Steuersatz 11 %. Bezogen auf 200.000,– € hat C 22.000,– € Steuer zu zahlen.

7.5 Wer die Erbschaft- und Schenkungsteuer schuldet

Steuerschuldner bei Erwerben von Todes wegen und Schenkungen unter Lebenden ist der Erwerber. Bei Schenkungen unter Lebenden schuldet auch der Schenker die Steuer. Beide, Schenker und Beschenkter, sind Gesamtschuldner der Schenkungsteuer. Allerdings muss sich das Finanzamt in erster Linie an den Beschenkten halten.

7.6 Wie man Schenkung- und Erbschaftsteuer sparen kann

Wie gesagt, dürften wegen der hohen Freibeträge für Ihren Ehegatten und Ihre Kinder steuerliche Aspekte bei der Gestaltung Ihres Testaments im Regelfall keine zentrale Rolle spielen. Wenn gleichwohl wegen eines großen Vermögens steuerliche Aspekte zu beachten sind, gibt es verschiedene Möglichkeiten, Schenkung- und Erbschaftsteuer auf legale Weise zu sparen.

! Wenn Sie Ihr Testament steueroptimal gestalten wollen, sollten Sie sich unbedingt von einem Steuerberater oder einem Anwalt fachlich beraten lassen.

7.6.1 Familienwohnheim steuerfrei übertragen

Wie bereits ausgeführt, kann das zu eigenen Wohnzwecken genutzte Wohnfamilienheim unter Umständen schenkungsteuerfrei auf den Ehegatten und den eingetragenen Lebenspartner oder auf die Kinder übertragen werden.

Bei der Übertragung auf den Ehegatten bzw. eingetragenen Lebenspartner hat die Größe des Wohnraums für die Steuerbefreiung keine Bedeutung. Die Übertragung ist allerdings nur dann komplett steuerfrei, wenn sie vom Ehegatten zehn Jahre lang selbst bewohnt wird (die Immobilie darf also nicht vermietet werden). Wenn er früher auszieht, muss er die Steuer nachzahlen, es sei denn, er zieht ins Pflegeheim.

Auch Kinder oder Enkel, deren Eltern bereits verstorben sind, können das Familienwohnheim steuerfrei erben, wenn sie es unmittelbar nach dem Erbfall selbst beziehen und die Wohnung mindestens zehn Jahre lang nutzen. Wird die Wohnung vor Ablauf von zehn Jahren nach dem Erbfall aufgegeben, ohne dass dafür zwingende Gründe vorhanden sind, die die Kinder oder Enkel an der Selbstnutzung hindern, fällt die Steuerbefreiung weg.

Achtung: Im Gegensatz zur Übertragung an den Ehegatten bzw. eingetragenen Lebenspartner gibt es für die Übertragung an Kinder und Enkel allerdings eine Obergrenze für die Größe der Immobilie. Kinder und Enkel können das Objekt nur dann steuerfrei erhalten, wenn die Wohnfläche des selbst genutzten Wohnraums die Größe von 200 m^2 nicht übersteigt.

7.6.2 Steuerfreibeträge mehrfach ausnutzen

Freibeträge der Schenkung- und Erbschaftsteuer leben alle zehn Jahre wieder auf. Wenn Sie also Ihrem Kind heute 400.000,– € schenken, fällt keine Schenkungsteuer an. Und in zehn Jahren können Sie erneut 400.000,– € auf das Kind steuerfrei übertragen.

! Bei Vermögen über den Freibeträgen können Sie Schenkung- und Erbschaftsteuer vermeiden oder reduzieren, wenn Sie frühzeitig damit beginnen, Vermögenswerte auf Ihre späteren Erben zu übertragen. Liegen zwischen den einzelnen Vermögensübertragungen jeweils mehr als zehn Jahre, stehen Ihnen die jeweiligen Steuerfreibeträge bei jeder Übertragung wieder zur Verfügung.

7.6.3 Vermögen auf mehrere Personen verteilen

Schenkung- und Erbschaftsteuer können Sie vermeiden, wenn Sie Ihr Vermögen auf mehrere Personen verteilen. In diesem Fall können die Freibeträge von mehreren Begünstigten genutzt werden. So können Sie selbst ein größeres Vermögen steuerfrei übertragen.

» Wenn Sie Ihren Ehegatten als Alleinerben einsetzen, steht diesem ein Freibetrag von 500.000,– € zu. Wenn Sie dagegen Ihren Ehegatten und Ihre zwei Kinder als Erben einsetzen, stehen diesen Freibeträge von insgesamt 1.300.000,– € zu.

7.6.4 Auf Umwegen schenken

Wenn die unmittelbare Schenkung vom Schenker an den Beschenkten steuerlich ungünstig ist, ist zu überlegen, ob nicht eine Zwischenperson eingeschaltet und damit die Schenkungen steuerfrei durchgeführt werden können.

» Im Beispielsfall fällt bei der Schenkung von A an seine Tochter Schenkungsteuer in Höhe von 22.000,– € an. Würde A die Hälfte seines Hauses zunächst an seine Frau B schenkweise übertragen und würden anschließend beide Elternteile die Immobilie an ihre Tochter verschenken, könnte diese zweimal ihren Freibetrag von 400.000,– € geltend machen. In diesem Fall würde keine Steuer anfallen.

Damit die Schenkungen vom Finanzamt anerkannt und nicht als Gestaltungsmissbrauch angesehen werden, sollten Sie unbedingt darauf achten, dass

- die Schenkung nicht mit der Auflage erfolgt, diese an eine bestimmte Person weiterzugeben,
- nicht jeweils identische Beträge verschenkt werden,
- zwischen den einzelnen Schenkungen einige Monate oder besser noch ein Jahr vergehen.

7.6.5 Generationen überspringen

Auch durch einen Generationensprung lässt sich die steuerliche Belastung reduzieren. Bei der Weitergabe des Vermögens wird in vielen Fällen nur die nächste Generation bedacht. Eltern geben ihr Vermögen meistens an die eigenen Kinder. Stehen die aber bereits finanziell auf eigenen Füßen und benötigen das Vermögen nicht oder nur zum Teil, kann es steuerlich günstig sein, zumindest teilweise Vermögenswerte bereits auf die übernächste Generation zu übertragen. Schließlich wird in Bezug auf den Steuersatz das Enkelkind nicht schlechter behandelt als der Vater oder die Mutter. Beide gehören der Steuerklasse I an.

» A will seinem Sohn B 600.000,– € schenken. B verfügt über ausreichend Vermögen und will das Geld bei der Bank anlegen. Nach Abzug des Freibetrags von 400.000,– € verbleibt eine steuerpflichtige Bereicherung von 200.000,– €. Es wird Schenkungsteuer in Höhe von 22.000,– € fällig (11 % von 200.000,– €).

Würde A die Schenkung auf seinen Sohn und sein Enkelkind aufteilen, könnte eine Steuerbelastung vollständig vermieden werden. A könnte seinem Sohn 400.000,– € und seinem Enkelkind 200.000,– € schenken. Beide Schenkungen wären steuerfrei. Die Einbeziehung des Enkels würde 22.000,– € Steuern sparen. Solange das Enkelkind noch minderjährig ist, sind seine Eltern für die Verwaltung des Vermögens verantwortlich.

! Der Generationensprung bietet sich nicht nur für Schenkungen, sondern vor allem auch bei der Vermögensübertragung im Wege der Erbfolge an. Als Erblasser können Sie die übernächste Generation in Ihre Nachlassplanung einbeziehen und damit auch deren Freibeträge ausnutzen.

7.6.6 Berliner Testament optimal gestalten

Beim Berliner Testament setzen sich die Eheleute gegenseitig als Erben und ihre Kinder als Schlusserben ein. Damit soll dem überlebenden Ehegatten das Vermögen ungeschmälert zur unveränderten Fortführung der Lebensumstände zur Verfügung stehen. Nach dem Tod des Längerlebenden sollen dann die Kinder das Vermögen beider Eheleute als eine Einheit erhalten.

Das Berliner Testament hat dann gravierende erbschaftsteuerliche Nachteile, wenn nach dem Tod des Längerlebenden die Freibeträge überschritten werden. Erben nämlich die Kinder später das gesamte Vermögen ihrer Eltern von dem überlebenden Elternteil, können sie nur einmal, beim Tod des zweiten Elternteils, ihre Freibeträge geltend machen. Ihre Freibeträge gehen also im Verhältnis zum ersten

Elternteil verloren. Wäre nämlich schon nach dem Tod des ersten Elternteils ein Erbteil auf die Kinder übergegangen, hätten diese ihren Freibetrag nutzen können. Und weil sich beim Tod des zweiten Elternteils das gesamte Vermögen bei diesem angesammelt hat, muss das steuerpflichtige Vermögen auch noch mit einem höheren Steuersatz versteuert werden.

» Die Eheleute A und B haben ein gemeinsames Vermögen von 800.000,– €. Sie haben ein Berliner Testament errichtet. Schlusserbe ist ihr gemeinsames Kind C. Beim Tod von A erbt B dessen Vermögen (400.000,– €) wegen des Freibetrags von 500.000,– € steuerfrei. Das Kind C erbt zunächst nichts. Verstirbt B, erbt C das gesamte Vermögen von 800.000,– €. C steht nur der Freibetrag für den Erwerb von B in Höhe von 400.000,– € zu. Der Freibetrag gegenüber A ist bei dessen Tod ungenutzt verfallen. C muss Erbschaftsteuer in Höhe von 60.000,– € zahlen (15 % von 400.000,– €).

Achtung: Steuerlich unproblematisch ist das Berliner Testament, solange das Vermögen geringer ist als der Steuerfreibetrag der Schlusserben. Das Berliner Testament ist immer dann steuerlich die schlechtere Wahl, wenn das Gesamtvermögen der Eheleute die Freibeträge übersteigt, die den Kindern beim Erwerb vom zuletzt versterbenden Elternteil zustehen.

Selbstverständlich können die Eheleute durch frühzeitige Übertragung von Vermögenswerten im Wege der vorweggenommenen Erbfolge dafür sorgen, dass das Vermögen zum Zeitpunkt des Erbanfalls die Freibeträge der Kinder übersteigt. Allerdings müssen sich dann die Eltern frühzeitig von Vermögensteilen trennen, sodass die Freibeträge der Kinder wieder aufleben (wie bereits ausgeführt, können die allgemeinen Freibeträge jeweils nach zehn Jahren wieder geltend gemacht werden).

Wenn die Eltern ihr Vermögen zu Lebzeiten behalten wollen, lässt sich der Verlust der Freibeträge der Kinder beim ersten Erbfall dadurch vermeiden, dass Vermächtnisse zugunsten der Kinder bis zur Höhe ihrer Freibeträge angeordnet werden, die zwar beim ersten Erbfall anfallen, aber erst später fällig werden. Das hat zur Folge, dass der Vermächtnisnehmer seinen Erwerb erst zum Zeitpunkt der Fälligkeit versteuern muss und der belastete Erbe die Vermächtnisschuld bereits zum Zeitpunkt ihres Entstehens als Nachlassverbindlichkeit von seinem steuerpflichtigen Erwerb abziehen kann.

! Auch bei einem größeren Vermögen besteht die Möglichkeit, das für diese Fälle grundsätzlich ungünstige Berliner Testament steueroptimal zu gestalten. Lassen Sie sich aber in jedem Fall von einem Anwalt oder einem Steuerberater fachlich beraten.

7.6.7 Richtigen Güterstand wählen

Aus schenkung- und erbschaftsteuerlicher Sicht ist der gesetzliche Güterstand der Zugewinngemeinschaft besser als die Vereinbarung einer Gütertrennung, weil der güterrechtliche Zugewinnausgleich nicht steuerpflichtig ist.

Achtung: Häufig wird der Güterstand der Zugewinngemeinschaft nur deshalb vereinbart, um das Vermögen eines Ehegatten vor dem Zugriff von Gläubigern des anderen Ehegatten zu schützen. Beachten Sie jedoch, dass auch bei der Zugewinngemeinschaft zivilrechtlich zwei getrennte Vermögensmassen bestehen; deshalb können auch bei diesem Güterstand Gläubiger eines Ehegatten nicht ohne Weiteres auf das Vermögen des anderen Ehegatten zugreifen.

7.6.8 Renten- und Lebensversicherungen vertraglich richtig gestalten

Häufig sollen der überlebende Ehegatte oder der nichteheliche Lebenspartner über eine Lebensversicherung finanziell versorgt werden. Wird dann die fällige Versicherungssumme an den Bezugsberechtigten ausgezahlt, ist die Zuwendung erb- und schenkungsteuerpflichtig.

» A hat auf sein Leben eine Lebensversicherung abgeschlossen und seine nichteheliche Lebenspartnerin B als bezugsberechtigte Person benannt. Wenn A stirbt, wird die Lebensversicherung an B ausgezahlt. Die Zuwendung ist schenkungsteuerpflichtig und B hat nur einen allgemeinen Freibetrag von 20.000,– € und gehört der schlechtesten Steuerklasse III an.

Die Auszahlung einer Lebensversicherung ist nur dann schenkungsteuerpflichtig, wenn sie an eine andere Person als den Versicherungsnehmer fließt. Wird die Lebensversicherung an den Versicherungsnehmer ausgezahlt, fällt keine Steuer an.

» Wenn A seine nichteheliche Lebenspartnerin B finanziell versorgen will, ist es steuerlich günstiger, wenn B eine Lebensversicherung auf das Leben von A abschließt und als Bezugs-berechtigte benannt wird. B ist in diesem Fall Versicherungs-nehmer und bezugsberechtigte Person. A ist Risikoperson.
Wenn A stirbt, erhält B die Versicherungssumme, ohne dass dafür Schenkungsteuer anfällt.

Die gleiche Vertragskonstellation lässt sich auch zur Absicherung der Kinder einsetzen. In diesem Fall müssen die Kinder als Versicherungsnehmer und als Begünstigte eingesetzt werden, während die Versicherung auf das Leben eines Elternteils abgeschlossen wird.

8 Erbfälle mit Auslandsbezug

Ein Haus in Deutschland, ein Bankkonto in der Schweiz, eine Finca auf Mallorca und eine Erbtante in Frankreich: Immer häufiger muss bei erbrechtlichen Fragen auch ausländisches Erbrecht berücksichtigt werden. Und ausländisches Erbrecht unterscheidet sich teilweise erheblich von den deutschen erbrechtlichen Regelungen. Deutsches Erbrecht findet grundsätzlich nur dann uneingeschränkt Anwendung, wenn der Erblasser die deutsche Staatsangehörigkeit besitzt, seinen Wohnsitz in Deutschland hat, sich sein gesamtes Vermögen in Deutschland befindet und er in Deutschland stirbt. Andernfalls liegt ein Erbfall mit Auslandsbezug vor, bei dem unter Umständen sowohl das Erbrecht als auch das Erbschaftsteuerrecht des jeweiligen Landes berücksichtigt werden müssen.

Die EU-Erbrechtsverordnung enthält einheitliche Regelungen darüber, welches Erbrecht auf einen internationalen Erbfall anzuwenden ist. Die Verordnung kommt in allen EU-Staaten außer Dänemark, Irland und Großbritannien zur Anwendung.

Achtung: Durch die EU-Erbrechtsverordnung werden nicht die nationalen erbrechtlichen Vorschriften geändert. Sie regelt lediglich, welches nationale Erbrecht auf einen Erbfall mit Auslandsbezug anzuwenden ist.

8.1 Anwendungsbereich der EU-Erbrechtsverordnung

Die EU-Erbrechtsverordnung enthält einheitliche Regelungen darüber, welches Erbrecht auf einen internationalen Erbfall anzuwenden ist. In diesem Zusammenhang sind insbesondere der örtliche und der sachliche Geltungsbereich der Verordnung von Bedeutung.

8.1.1 Örtlicher Geltungsbereich

Die EU-Erbrechtsverordnung hat ausschließlich Bedeutung für die Bürger der mitwirkenden EU-Staaten (das sind alle Mitgliedsstaaten der Europäischen Union mit Ausnahme von Dänemark, dem Vereinigten Königreich und Irland). Soweit das Vermögen von EU-Bürgern in Drittstaaten (beispielhaft die Schweiz, Russland, Türkei, USA) betroffen ist oder Bürger aus Drittstaaten beteiligt sind, gilt das jeweilige Erbrecht des Landes für internationale Erbfälle.

8.1.2 Sachlicher Geltungsbereich

Die EU-Erbrechtsverordnung betrifft die Rechtsnachfolge, also jeden Übergang von Vermögenswerten, Rechten und Pflichten, von Todes wegen. Gleichgültig ist, ob diese auf gesetzlicher Erbfolge oder einer Verfügung von Todes wegen (z.B. Testament) beruht. Dem Recht unterliegen insbesondere

- die Gründe für den Eintritt des Erbfalls sowie dessen Zeitpunkt und Ort,
- die Berufung der Berechtigten, die Bestimmung ihrer jeweiligen Anteile und etwaiger ihnen vom Erblasser auferlegter Pflichten sowie die Bestimmung sonstiger Rechte an dem Nachlass, einschließlich der Nachlassansprüche des überlebenden Ehegatten oder Lebenspartners,
- die Erbfähigkeit,
- die Enterbung und Erbunwürdigkeit,
- der Übergang der zum Nachlass gehörenden Vermögenswerte, Rechte und Pflichten auf die Erben und gegebenenfalls die Vermächtnisnehmer, einschließlich der Bedingungen für die Annahme oder die Ausschlagung der Erbschaft oder eines Vermächtnisses und deren Wirkungen,
- die Rechte der Erben, Testamentsvollstrecker und anderer Nachlassverwalter,

- die Haftung für die Nachlassverbindlichkeiten,
- der verfügbare Teil des Nachlasses, die Pflichtteile und andere Beschränkungen der Testierfreiheit sowie etwaige Ansprüche von Personen, die dem Erblasser nahe stehen, gegen den Nachlass oder gegen den Erben,
- die Ausgleichung und Anrechnung unentgeltlicher Zuwendungen bei der Bestimmung der Anteile der einzelnen Berechtigten und
- die Teilung des Nachlasses.

Bestimmte Bereiche sind von der EU-Erbrechtsverordnung ausgenommen. Dazu gehören Fragen des ehelichen Güterrechts, unentgeltliche Zuwendungen zu Lebzeiten (z.B. Schenkungen an die Kinder) und Verträge zugunsten Dritter (z.B. Übertragung von Sparbüchern und Lebensversicherungen im Todesfall).

8.2 Nationales Erbrecht

Die EU-Erbrechtsverordnung legt einheitliche Regeln darüber fest, welches Erbrecht auf einen internationalen Erbfall anzuwenden ist. Damit wird der bisherigen Zersplitterung eines Erbfalls durch die Anwendung unterschiedlicher nationaler Erbrechtsvorschriften bei grenzüberschreitenden Erbfällen (sogenannte Nachlassspaltung) entgegengewirkt. So wird z.B. verhindert, dass hinsichtlich einer Immobilie in Frankreich französisches Erbrecht, für das übrige Vermögen des Erblassers deutsches Erbrecht Anwendung findet.

8.2.1 Letzter gewöhnlicher Aufenthalt des Erblassers

Nach der EU-Erbrechtsverordnung richtet sich dem Grunde nach die gesamte Rechtsnachfolge von Todes wegen nach dem Recht des Staates, in dem der Erblasser zum Zeitpunkt seines Todes seinen gewöhnlichen Aufenthalt hatte. Für alle Menschen, die dauerhaft in Deutschland leben und dann versterben, gilt also – unabhängig von der Staatsangehörigkeit des EU-Bürgers – künftig deutsches Erbrecht. Ein Deutscher wird aber künftig nach spanischem oder italienischem Recht beerbt, wenn er dort zuletzt überwiegend gelebt hat, und zwar unabhängig davon, ob es sich um Immobilien, Mobilien oder sonstige Gegenstände handelt.

Seinen gewöhnlichen Aufenthalt hat jemand dort, wo sich der Schwerpunkt seiner familiären, sozialen und beruflichen Beziehungen befindet. In den meisten Fällen wird es keine Schwierigkeiten geben, den gewöhnlichen Aufenthaltsort als »Daseinsmittelpunkt« zu bestimmen. Unter Umständen kann es aber auch schwierig sein, den Ort zu bestimmen, an dem der Erblasser seinen gewöhnlichen Aufenthalt hatte. Dies kann insbesondere der Fall sein, wenn sich der Erblasser aus beruflichen oder wirtschaftlichen Gründen – unter Umständen auch für längere Zeit – in einen anderen Staat begeben hat, um dort zu arbeiten, aber eine enge und feste Bindung zu seinem Herkunftsstaat aufrechterhalten hat. In diesem Fall kann – entsprechend den jeweiligen Umständen – davon ausgegangen werden, dass der Erblasser seinen gewöhnlichen Aufenthalt weiterhin in seinem Herkunftsstaat hat, in dem sich in familiärer und sozialer Hinsicht sein Lebensmittelpunkt befand.

Auch bei Rentnern, die an zwei Orten leben, um jeweils der schlechten Jahreszeit zu entgehen, und an beiden Orten soziale Bindungen haben (»Mallorca-Rentner«), kann es schwierig sein, den gewöhnlichen Aufenthalt zu bestimmen. In diesem Fall bedarf es einer Gesamtbetrachtung aller Umstände, wobei nach der EU-Erbrechtsverordnung für die Beurteilung ausnahmsweise auch die Staatsangehörigkeit oder die Tatsache, an welchem Ort die wesentlichen Vermögenswerte belegen sind, herangezogen werden dürfen.

8.2.2 Rechtswahl des Erblassers

Zwar richtet sich künftig dem Grunde nach die gesamte Rechtsnachfolge von Todes wegen nach dem Recht des Staates, in dem der Erblasser zum Zeitpunkt seines Todes seinen gewöhnlichen Aufenthalt hatte, der Erblasser kann aber durch ein Testament oder einen Erbvertrag bestimmen, dass sein Vermögen nach seinem Tod nach dem Erbrecht des Staats vererbt wird, dessen Staatsangehörigkeit er besitzt. Eine besonders enge Verbindung zu diesem Staat ist nicht notwendig. Besitzt der Erblasser mehrere Staatsangehörigkeiten, kann er das Recht eines der Staaten wählen, denen er zum Zeitpunkt seiner Rechtswahl oder zum Zeitpunkt seines Todes angehört.

» Ein dauerhaft an der Côte d'Azur lebender Deutscher kann bestimmen, dass im Falle seines Todes deutsches Erbrecht gelten soll. Trifft er keine Rechtswahl, kommt im Erbfall französisches Erbrecht zur Anwendung.

Die Rechtswahl muss in einem Testament oder einem Erbvertrag erfolgen. Die Wahl kann ausdrücklich erfolgen oder sich schlüssig aus dem Inhalt der letztwilligen Verfügung ergeben. Eine schlüssige Rechtswahl liegt beispielsweise vor, wenn der Erblasser in seiner letztwilligen Verfügung auf spezifische Bestimmungen des Erbrechts seines Heimatstaates Bezug genommen oder das Recht dieses Staates in anderer Weise erwähnt hat. Um Auslegungsstreitigkeiten zu vermeiden, sollte die Rechtswahl sicherheitshalber ausdrücklich erfolgen.

Musterformulierung

Ich bin deutscher Staatsangehöriger und habe meinen gewöhnlichen Aufenthalt in ___. Ich wähle für die Zulässigkeit und materielle Wirksamkeit meiner Verfügungen von Todes wegen und die Rechtsnachfolge von Todes wegen nach meinem Tod das deutsche Recht. Mein gesamter Nachlass soll nach deutschem Recht vererbt werden. Diese Rechtswahl soll auch dann weiterhin Gültigkeit haben, wenn ich meinen Wohnsitz oder letzten gewöhnlichen Aufenthalt im Ausland habe.

[Oder]

Ich bin deutscher Staatsangehöriger und habe meinen gewöhnlichen Aufenthalt in Deutschland. Vorsorglich wähle ich für die Rechtsnachfolge von Todes wegen für mein gesamtes Vermögen sowie für Fragen der Rechtswirksamkeit dieses Testaments das deutsche Recht.

8.2.3 Wirksamkeit von Verfügungen von Todes wegen

Ob ein Testament formell wirksam ist, richtet sich nach dem Haager Testamentsformenübereinkommen vom 5.10.1961. Zusätzlich reget die EU-Erbrechtsverordnung, dass ein Testament grundsätzlich dann formgerecht errichtet wurde, wenn das Recht des Staates eingehalten wird, in dem der Erblasser letztwillig verfügt. Maßgebend ist also auch in diesem Zusammenhang der gewöhnliche Aufenthalt des Erblassers zum Zeitpunkt der Testamentserrichtung. Damit bleibt das Testament auch bei einer Änderung des gewöhnlichen Aufenthalts des Erblassers wirksam.

Als Formen von Verfügungen von Todes wegen kennt die EU-Erbrechtsverordnung das Testament, den Erbvertrag und das gemeinschaftliche Testament. Problematisch ist dabei das gemeinschaftliche Testament, das in Deutschland ein beliebtes Mittel zur gemeinsamen Nachlassgestaltung von Eheleuten darstellt.

Problematisch ist, ob das gemeinschaftliche Testament im Sinne des deutschen Erbrechts unter den Anwendungsbereich der EU-Erbrechtsverordnung fällt. In vielen Ländern (z.B. in Italien, Spanien, Frankreich, Kroatien) gibt es das gemeinschaftliche Testament als Form der letztwilligen Verfügung nicht. Hatte der Erblasser seinen letzten gewöhnlichen Aufenthalt in einem solchen Land, würde demnach das gemeinschaftliche Testament nicht gelten. Erbeinsetzungen und andere testamentarische Bestimmungen würden nicht berücksichtigt werden. Auch die häufig erwünschte Bindungswirkung des gemeinschaftlichen Testaments wäre hinfällig. Der länger lebende Ehegatte könnte abweichend von den Verfügungen im gemeinschaftlichen Testament wieder vollständig frei testieren.

! Wenn Eheleute, die sich gewöhnlich im Ausland aufhalten oder ihren gewöhnlichen Aufenthalt dort hin verlegen, gewährleistet wissen wollen, dass ihr gemeinschaftliches Testament auch tatsächlich wirksam ist, sollten sie im Rahmen ihres Rechts, das für den Erbfall maßgebende Erbrecht zu bestimmen (Rechtswahl), testamentarisch festlegen, dass deutsches Recht zur Anwendung kommen soll. Um allen Unklarheiten aus dem Weg zu gehen, kann auch von der Errichtung eines gemeinschaftlichen Testaments abgesehen und ein Erbvertrag abgeschlossen werden. Darin können die Eheleute eine Bindungswirkung wie beim gemeinschaftlichen Testament herbeiführen.

8.3 Überblick über das Erbrecht europäischer Nachbarstaaten

Wie oben ausgeführt, wird nach der EU-Erbrechtsverordnung grundsätzlich das Erbrecht des Staates angewendet, in dem der Erblasser seinen letzten gewöhnlichen Wohnsitz hatte, es sei denn, er hat in seinem Testament eine andere Rechtswahl getroffen. Unter Umständen wird also das gesamte Vermögen eines deutschen Erblasser nach ausländischem Erbrecht vererbt. Deshalb ist es wichtig, sich mit den erbrechtlichen Grundsätzen des Landes, in dem der Lebensmittelpunkt besteht, vertraut zu machen. Von Bedeutung sind insbesondere die zulässigen Formen von Verfügungen von Todes wegen, die gesetzliche Erbfolge, wenn keine Verfügung von Todes wegen errichtet wurde und das Pflichtteilsrecht.

8.3.1 Erbrecht in Frankreich

Zulässige Testamentsformen sind das handschriftliche, das öffentliche (notarielle) und das verschlossene Testament. Das gemeinschaftliche Testament oder Erbvertrag kennt das französische Erbrecht nicht.

Im Wege der gesetzlichen Erbfolge (wenn also der Erblasser kein Testament errichtet hat) erbt der überlebende Ehegatte neben gemeinsamen Kindern nach seiner Wahl entweder den Nießbrauch am gesamten Nachlass (das heißt, er wird nicht Eigentümer, sondern kann lediglich zu seinen Lebzeiten die laufenden Nutzungen wie z.B. Zinsen für sich beanspruchen) oder einen Erbteil von einem Viertel. Sind Kinder vorhanden, die nicht aus der Ehe des Erblassers mit seinem Ehegatten stammen, erbt der überlebende Ehegatte ein Viertel des Nachlasses; die Wahl des Nießbrauchs ist nicht möglich. Hinterlässt der Erblasser neben seinem Ehegatten seine Eltern, erhält der Ehegatte die Hälfte des Nachlasses; der andere Teil wird unter den Eltern aufgeteilt. Lebt nur noch ein Elternteil, erbt der überlebende Ehegatte drei Viertel, wenn kein Elternteil mehr lebt, den gesamten Nachlass.

Hinterlässt der Erblasser keinen Ehegatten, erben seine Kinder zu gleichen Teilen den gesamten Nachlass. War der Erblasser unverheiratet und kinderlos, erben seine Eltern und Geschwister.

In Frankreich gilt ein gesetzliches Pflichtteilsrecht. Pflichtteilsberechtigter sind die Abkömmlinge und gegebenenfalls auch der Ehegatte des Erblassers. Pflichtteilsansprüche sind nicht wie in Deutschland auf eine Geldzahlung gerichtet, sondern gewähren ein sogenanntes Noterbrecht. Die Pflichtteilsberechtigten werden also Miterben. Mehrere Erben bilden eine Erbengemeinschaft.

8.3.2 Erbrecht in Griechenland

Ein Testament kann von einem Notar in Anwesenheit von drei Zeugen oder von zwei Notaren und einem Zeugen aufgenommenes notarielles Testament, als eigenhändiges, vollständig handschriftlich verfasstes und unterzeichnetes Testament oder als vom Erblasser errichtetes und bei einem Notar oder einem Richter hinterlegtes Testament errichtet werden. Erbverträge und gemeinschaftliche Testamente sind nicht zulässig.

Besteht kein Testament und hinterlässt der Erblasser einen Ehegatten und Kinder, so erhält der Ehegatte ein Viertel des Nachlasses. Der verbleibende Nachlass wird zu gleichen Teilen unter den Kindern aufgeteilt. Hinterlässt der Erblasser neben dem Ehegatten Eltern, Großeltern oder Urgroßeltern, erhält der überlebende Ehegatte die Hälfte des Nachlasses. War der Erblasser unverheiratet erhalten grundsätzlich seine Kinder die Erbschaft. War der unverheiratete Erblasser kinderlos, so erben seine Eltern bzw. seine Geschwister.

Das Pflichtteilsrecht ist in Griechenland als Noterbrecht ausgestaltet. Der Pflichtteilsberechtigte hat also keinen Geldanspruch, sondern ist in Höhe seines Pflichtteils an der Erbschaft beteiligt ist. Pflichtteilsberechtigt sind die Abkömmlinge, die Eltern und der Ehegatte des Erblassers.

8.3.3 Erbrecht in Italien

In Italien gibt es das eigenhändig geschriebene und unterschriebene, das notarielle und das geheime Testament. Das geheime Testament wird vom Erblasser verfasst und anschließend einem Notar übergeben, der die Verfügung den jeweiligen Formvorschriften entsprechend amtlich verwahrt. Nicht als Verfügungen von Todes wegen zulässig sind das gemeinschaftliche Testament und der Erbvertrag.

Wenn kein Testament vorhanden ist, erbt im Wege der gesetzlichen Erbfolge der überlebende Ehegatte neben einem Kind die Hälfte, neben mehreren Kindern ein Drittel, neben Eltern, Großeltern und Geschwistern des Erblassers zwei Drittel des Nachlasses. Sind keine dieser Verwandten vorhanden, erbt der Ehegatte den gesamten Nachlass. Neben seinem Erbteil stehen dem überlebenden Ehegatten ein Nutzungsrecht an der Ehewohnung und das zum Hausrat gehörende Vermögen zu.

Hinterlässt der Erblasser zwar keinen Ehegatten, aber Kinder, erben diese zu gleichen Teilen. Bei unverheirateten und kinderlosen Erblassern sind die Eltern und Geschwister zur Erbfolge berufen, sofern kein anderslautendes Testament existiert.

Auch in Italien besteht ein gesetzliches Pflichtteilsrecht. Pflichtteilsberechtigt sind die Kinder, die Eltern und der Ehegatte des Erblassers. Das Pflichtteilsrecht besteht als Noterbrecht. Der Pflichtteilsberechtigte ist in Höhe seiner Pflichtteilsquote als echter (Mit-)Erbe an der Erbschaft beteiligt.

8.3.4 Erbrecht in Kroatien

In Kroatien gibt es das eigenhändig geschriebene und unterschriebene und das öffentliche Testament vor einem Richter oder Notar. Es besteht auch die Möglichkeit, ein schriftliches Testament vor zwei Zeugen zu errichten; dabei hat keine Bedeutung, wer das Testament schreibt. Nicht als Verfügungen von Todes wegen zulässig sind das gemeinschaftliche Testament und der Erbvertrag.

Im Wege der gesetzlichen Erbfolge erbt der überlebende Ehegatte neben den Kindern bzw. weiteren Abkömmlingen zu gleichen Teilen. Hinterlässt der Erblasser z.B. den Ehegatten und drei Kinder, so erben alle zu einem Viertel. Ist die Ehe kinderlos, so erbt der überlebende Ehegatte neben den Eltern die Hälfte des Nachlasses. Sind weder Eltern noch Abkömmlinge vorhanden, so erbt der Ehegatte allein. Nach dem kroatischen Erbrecht steht auch dem nichtehelichen Lebenspartner ein dem Ehegatten entsprechendes gesetzliches Erbrecht zugesteht, wenn die Lebensgemeinschaft erst durch den Tod beendet wird, seit mindestens drei Jahren bestand oder ein gemeinsames Kind aus ihr hervorgegangen ist und auch sonst die Voraussetzungen für eine Eheschließung vorgelegen hätten.

War der Erblasser nicht verheiratet bzw. hat er nicht in einer nichtehelichen Lebensgemeinschaft gelebt, erben seine Kinder zu gleichen Teilen, wenn er kein Testament errichtet hat. Hat der Erblasser keine Nachkommen hinterlassen, erben seine Eltern, andernfalls seine Geschwister.

In Kroatien können die Kinder, der überlebende Ehegatte und der zum gesetzlichen Erben berufene nichteheliche Lebenspartner als Pflichtteil. Die Hälfte des gesetzlichen Erbteils verlangen. Der Pflichtteil ist als sogenanntes Noterbrecht ausgestaltet. Das bedeutet, dass der Pflichtteilsberechtigte nicht nur einen Anspruch auf Zahlung eines Anteils am Nachlasswert hat, sondern unmittelbar an den Nachlassgegenständen berechtigt ist.

8.3.5 Erbrecht in Österreich

Nach dem österreichischen Erbrecht kann man sein Testament als eigenhändiges oder öffentliches Testament errichten. Daneben ist es auch möglich, ein Testament von einem Dritten verfassen zu lassen. Der Erblasser muss dieses Dokument allerdings eigenhändig unterschreiben und außerdem muss er vor drei Zeugen bestätigen, dass es sich bei dem Niedergeschriebenen um seinen letzten Willen handelt. Zwischen Ehegatten oder Brautleuten kann ein Erbvertrag geschlossen werden. Ehepartner können auch ein gemeinschaftliches Testament errichten.

Im Wege der gesetzlichen Erbfolge (wenn also kein Testament vorhanden ist) erbt der überlebende Ehegatte neben vorhandenen Kindern des Erblassers ein Drittel des Nachlasses. Sind keine Kinder vorhanden, so erbt der Ehegatte neben den Eltern des Erblassers und den Großeltern zwei Dritteln des Nachlasses. Sein Erbteil kann sich noch erhöhen, wenn Geschwister oder Großeltern des Erblassers bereits vorverstorben sind. Hatte der verheiratete Erblasser keine Kinder und waren auch seine Eltern, Geschwister und Großeltern schon vorverstorben, dann erbt der überlebende Ehegatte den ganzen Nachlass allein.

War der Erblasser nicht verheiratet, erben vorrangig als Erben 1. Linie seine Kinder zu gleichen Teilen. War der Erblasser kinderlos, erben seine Eltern und deren Nachkommen (Geschwister des Erblassers) als Erben 2. Linie. Sind auch keine Erben 2. Linie vorhanden, erben die Großeltern sowie deren Nachkommen (3. Linie).

Der überlebende Ehegatte, Kinder und die Eltern des Erblassers haben Anspruch auf den Pflichtteil. Dieser beträgt bei den Nachkommen und dem Ehegatten des Erblassers die Hälfte, bei den Eltern ein Drittel der gesetzlichen Erbquote. Wie in Deutschland ist auch in Österreich der Pflichtteil eine Geldforderung gegen die Erben.

8.3.6 Erbrecht in Spanien

In Spanien besteht kein einheitliches Erbrecht. Einige Provinzen regeln einzelne erbrechtliche Aspekte anders als der allgemeingültige Código Civil.

Das spanische Erbrecht kennt als Verfügungen von Todes wegen das eigenhändige, offene und verschlossene Testament. Erbverträge und gemeinschaftliche Testamente sind grundsätzlich unzulässig.

Gesetzliche Erben sind in Spanien in erster Linie die Kinder des Erblassers und deren Abkömmlinge. Diese erben zu gleichen Teilen. Ist ein Kind des Erblassers bereits vorverstorben, so rücken die Abkömmlinge des vorverstorbenen Kindes (Enkel des Erblassers) als Erben nach. Hat der Erblasser keine Kinder und weitere Abkömmlinge hinterlassen, dann sind die Eltern des Erblassers und deren Vorfahren als Erben berufen. Mutter und Vater des Erblassers erben zu gleichen Teilen. Ist nur noch ein Elternteil vorhanden, so erbt er den Nachlass allein. Sind beide Eltern verstorben, so erben die Großeltern und gegebenenfalls die Urgroßeltern. Sie schließen, soweit vorhanden, beispielsweise die Geschwister des Erblassers von der gesetzlichen Erbfolge aus.

Dem überlebenden Ehegatten steht nach spanischem Recht nur dann ein gesetzliches Erbrecht zu, wenn er weder durch Abkömmlinge noch Vorfahren des Erblassers von der gesetzlichen Erbfolge ausgeschlossen wird. Im Gegensatz zum deutschen Erbrecht, nach dem Ehegatten ein gesetzlicher Erbteil auch neben anderen Erben zusteht, erbt dieser also nicht, solange Abkömmlinge oder Vorfahren des Erblassers leben. Allerdings steht dem Ehegatten nach spanischem Recht ein Nießbrauch an Teilen oder am gesamten Nachlass zu, je nachdem wer Erbe wird. Neben Abkömmlingen erbt der Ehegatte den Nießbrauch zu einem Drittel, neben Eltern und Großeltern zur Hälfte und neben Seitenverwandten zu zwei Dritteln des Nachlasses. Die Erben können den Nießbrauch in eine Abfindung oder in eine Leibrente umwandeln.

Auch in Spanien besteht ein gesetzliches Pflichtteilsrecht. Pflichtteilsberechtigt sind der überlebende Ehegatte, die Abkömmlinge und, sofern keine Abkömmlinge existieren, die Eltern des Erblassers oder deren Abkömmlinge. Der Pflichtteil der Kinder beträgt zwei Drittel des Nachlasses. Sind keine Kinder vorhanden, erhält der überlebende Ehegatte als Pflichtteil ein Nießbrauchrecht an zwei Dritteln des Nachlasses. Neben Kindern beträgt sein Nießbrauchrecht ein Drittel des Nachlasses. Das spanische Pflichtteilsrecht ist ein Noterbrecht. Das bedeutet, dass der Pflichtteilsberechtigte, anders als im deutschen Recht, eine unmittelbare Teilhabe am Nachlass erhält.

8.3.7 Erbrecht in der Türkei

Das türkische Erbrecht kennt das eigenhändige und das öffentliche (notarielle) Testament. Das eigenhändige Testament muss vom Erblasser geschrieben und unterschrieben und mit dem Datum der Errichtung versehen sein. Eine vom Gesetz abweichende Erbfolge kann auch durch einen Erbvertrag erfolgen. Gemeinschaftliche Testamente sind nicht zulässig.

Das gesetzliche Erbrecht der Türkei ist dem deutschen ähnlich. Gesetzliche Erben erster Ordnung sind die Nachkommen (Kinder und Enkelkinder) des Erblassers. Mehrere vorhandene Kinder erben zu gleichen Teilen. Ist ein Kind des Erblassers bereits vorverstorben, so treten an seine Stelle dessen eigene Nachkommen. Gesetzliche Erben zweiter Ordnung sind die Eltern des Erblassers und deren Nachkommen (Geschwister des Erblassers). Hinterlässt der Erblasser weder eigene Nachkommen und sind auch keine Erben des elterlichen Stammes vorhanden, so erben die Großeltern bzw. deren Nachkommen als Erben dritter Ordnung. Solange ein Erbe einer vorhergehenden Ordnung im Zeitpunkt des Erbfalls am Leben ist, schließt er alle nachfolgenden Ordnungen von der Erbfolge aus.

Neben den Erben der ersten Ordnung erbt der Ehegatte ein Viertel, neben Erben der zweiten Ordnung die Hälfte des Nachlasses. Unter Anrechnung auf seinen Errungenschaftsteil bei dem Güterstand der Errungenschaftsbeteiligung (vergleichbar mit dem Zugewinnanteil bei der Zugewinngemeinschaft), kann dem überlebenden Ehegatten ein Nießbrauch bzw. ein Wohnrecht an der Familienwohnung und dem Hausrat eingeräumt werden.

Pflichtteilsberechtigte sind der Ehegatte, die Kinder, die Eltern des Verstorbenen, aber auch die Geschwister. Der Pflichtteilsanspruch ist als Noterbrecht ausgestaltet. Der Pflichtteilsberechtigte ist in Höhe seines Pflichtteils an der Erbschaft beteiligt. Die Pflichtteilsquote beträgt für einen Abkömmling die Hälfte, für jeden Elternteil ein Viertel und für jeden Geschwisterteil ein Achtel. Der Ehegatte erhält neben gesetzlichen Erben den gesetzlichen Erbteil auch als Pflichtteil, sonst drei Viertel seines gesetzlichen Erbteils,

Index

R

S

T

U

V

W

Z